A hipocrisia virtuosa

NADIA URBINATI

A hipocrisia virtuosa

Tradução
César Mortari Barreira

editora unesp

Direitos de publicação reservados à:
Fundação Editora da Unesp (FEU)
Praça da Sé, 108
01001-900 – São Paulo – SP
Tel.: (0xx11) 3242-7171
Fax: (0xx11) 3242-7172
www.editoraunesp.com.br
www.livrariaunesp.com.br
atendimento.editora@unesp.br

Dados Internacionais de Catalogação na Publicação (CIP) de acordo com ISBD
Elaborado por Vagner Rodolfo da Silva – CRB-8/9410

R951p
U73h

Urbinati, Nadia
A hipocrisia virtuosa / Nadia Urbinati; traduzido por Cesar Mortari Barreira. – São Paulo: Editora Unesp, 2025.

Tradução de: *L'ipocrisia virtuosa*
Inclui bibliografia.
ISBN: 978-65-5711-307-3

1. Ciências sociais. 2. Sociologia. 3. Ciência política. 4. Filosofia moral. I. Barreira, Cesar Mortari. II. Título.

2025-4293 CDD 300
CDU 3

Editora afiliada:

Asociación de Editoriales Universitarias de América Latina y el Caribe

Associação Brasileira de Editoras Universitárias

O amor é incompatível com a hipocrisia. Aborrecei
o mal, aderi com todas as forças ao bem.

Paulo de Tarso

A hipocrisia é uma homenagem que
o vício presta à virtude.

François de La Rochefoucauld

A hipocrisia dos homens? Não exageremos.
A maioria pensa muito pouco para pensar em dobro.

Marguerite Yourcenar

Sumário

Nota do tradutor . 9

A hipocrisia virtuosa

Introdução – Dizer aquilo que pensamos, sempre? . *15*

I Entre terra, céu e teatro: brevíssima história de uma palavra . *39*

II Pluralismo e tolerância . 63

III Postura hipócrita . 83

IV Promessas (frequentemente) não cumpridas . 99

V O politicamente correto . *113*

Referências bibliográficas . *129*

Nota do tradutor

Na introdução desta obra, Nadia Urbinati apresenta uma breve digressão com o intuito de esclarecer alguns conceitos subjacentes à tese da "hipocrisia virtuosa". Como os leitores perceberão, a autora emprega o termo *civility* para designar um conjunto de comportamentos sociais essenciais ao seu argumento. A adoção do vocábulo anglófono é explicitamente justificada pela própria Urbinati em função do caráter bastante ambicioso e abrangente de seu correlato italiano, *civiltà*. A princípio, o conceito de *civilitas* se opunha a *rusticitas*, denotando primordialmente "boas maneiras" e "bom gosto". Contudo, a partir do Iluminismo, o termo "civilização" transcendeu esse sentido primário, tornando-se não apenas sinônimo do assim chamado "progresso" ocidental, mas também uma designação para as manifestações materiais, sociais e espirituais de um povo em determinado momento histórico. Dada essa amplitude semântica adquirida, Urbinati considera o termo italiano *urbanità* como o mais próximo do significado de *civility*, ainda assim, é a palavra inglesa que mais estrutura o texto.

Na presente tradução, respeitei a escolha por *civility* e optei por traduzir *urbanità* por urbanidade. No que se refere à primeira decisão, o objetivo foi preservar a nuance semântica intencionada por Urbinati, respeitando a preocupação da autora em desvincular o conceito proposto de conotações potencialmente hegemônicas. Desse modo, procurei evitar anacronismos e armadilhas conceituais inerentes ao uso de "civilidade" no contexto brasileiro, já que, entre nós, o termo foi atrelado a projetos de modernização e "civilização" que, reiteradamente, fundamentaram ações de segregação e marginalização social; assim, utilizar "civilidade" arriscaria reintroduzir uma camada ideológica que a autora deliberadamente buscou evitar ao escolher *civility*.

A segunda decisão – referente à tradução de *urbanità* por urbanidade – se deu não apenas pela existência do vocábulo na língua portuguesa, mas sobretudo em virtude das inadequações presentes em alguns dos termos correlatos. É verdade que, pela senda aberta por Urbinati, o termo está amalgamado às formalidades e procedimentos que caracterizam as boas maneiras e o respeito entre os cidadãos. Trata-se, portanto, de uma trilha conceitual na qual se entrecruzam polidez, afabilidade etc. Não por acaso, a tradução deste livro para o alemão apresenta a *urbanità* como *Höflichkeit*, termo que designa um comportamento amável, afável (significados próximos da *Zuvorkommenheit*, cortesia, gentileza). Faço essa comparação, pois me parece que, na opção germânica, a *urbanità* perde força: ela engloba, sem dúvida, uma dimensão subjetiva, vinculada às formas comportamentais que empenhamos no cotidiano; mas há, igualmente, um elemento objetivo, derivado da *urbis*, "cidade" que, tal como Roma, compõe um espaço de mediação responsável por criar ordem social entre estranhos. Entre nós, é importante ter isso em mente para evitar associar a urbanidade, tal como ela aparece em Urbinati, com a cordialidade, em especial quando mobilizada a partir do referencial teórico empregado por Sérgio Buarque de Holanda.

Por fim, um último comentário. Em virtude das escolhas de Urbinati, não é de se estranhar que, na tradução para o inglês, a referida digressão conceitual tenha sido excluída. A equivalência entre *civility* e urbanidade está pressuposta: *taken for granted*. Em contraposição, a flutuação desses significados na presente edição permite aos leitores brasileiros um engajamento direto com a **opção conceitual da autora**. Dada a polissemia e os complexos usos da "civilidade" em português, a adoção de *civility* funciona como uma espécie de marcador, um convite aos leitores à avaliação da formulação de Urbinati acerca da "hipocrisia virtuosa". Ainda assim, todas as vacilações, erros e dificuldades de compreensão são, naturalmente, de minha responsabilidade.

César Mortari Barreira

A hipocrisia virtuosa

Introdução
Dizer aquilo que pensamos, sempre?

Dizer sempre aquilo que pensamos, eis o preceito de autenticidade que a hipocrisia põe em questão e, por isso mesmo, costuma ser repudiada. Ela encarna uma incoerência intencional entre pensamento e discurso, revelando-se, assim, uma forma silenciosa de sabotagem da ordem moral. Ainda que não seja propriamente revolucionário, o hipócrita corrói, nas sombras, os alicerces da confiança. Pois, se a hipocrisia se tornasse norma, como acreditar na sinceridade de quem acusa os outros de hipócritas? E como assegurar que um amigo seja, de fato, autêntico?

1. Quem é hipócrita e quem não o é?

Sem confiança, não há sociedade; não é possível cultivar a amizade, tampouco pode existir o amor. "A hipocrisia é perigosa [...] porque mina a confiança e a fidelidade aos valores morais – amizade, amor ou fé – em seu conjunto."[1] No en-

1 Yankah, Ipocrisia giuridica, *Lessico di etica pubblica*, p.93.

tanto, a própria sociedade, bem como a amizade e o amor, não se sustenta sem certa dose de hipocrisia *virtuosa*. Por isso, a questão não pode ser tratada em termos absolutos: admitir ou negar, justificar ou condenar. Trata-se, antes, de compreender em quais âmbitos e sob quais limites a hipocrisia pode ser legitimamente justificada.

Uma sociedade absolutamente autêntica e unidimensional – designemo-la como *uni-verso* – talvez constituísse a pior das condições possíveis de vida, pois a rigidez absoluta de princípios e normas estaria, inevitavelmente, acompanhada de uma crueldade igualmente absoluta. Além disso, tal sociedade converteria a hipocrisia em uma estratégia sistemática de autodefesa, retirando-lhe o caráter de escolha ponderada. O medo da perseguição, da discriminação e da violência tornaria a hipocrisia onipresente e incontrolável, transmutando-a em ambiguidade e em mentira; fenômenos que, embora próximos, não se confundem. Os mais cruéis inquisidores se declaravam inimigos implacáveis da hipocrisia, para depois depender dela (caso quisessem sobreviver). A abjuração de Galileu Galilei não constitui um ato hipócrita, mas sim uma ambiguidade imposta pela necessidade: o terror converte a hipocrisia em arma afiada. Por outro lado, a liberdade entendida como "tranquilidade do espírito" – noção que Montesquieu situa no cerne do governo moderado –, quando protegida pelos direitos, cria espaço para que a hipocrisia se configure como "tributo que o vício presta à virtude".

Este livro concentra-se no "pensar ambíguo" como escolha, e não como imposição, não com o propósito de louvar a hipocrisia (o que, em si, não seria já um gesto hipócrita?), mas com a intenção de expor suas formas clássicas e modernas, a fim de sustentar a seguinte tese: em uma sociedade fundada no respeito ao outro, os indivíduos deveriam ser capazes de exercer certo grau de hipocrisia, reconhecendo que a tensão permanente em torno da autenticidade de princípios e crenças nem sempre favorece aqueles que efetivamente têm princípios e que creem. A hipocrisia pode operar tanto como instrumento de controle quanto como escudo contra o controle. É nesse dualismo que se revela, com nitidez, a vulnerabilidade da condição humana.

Nesse contexto, a questão da hipocrisia não se coloca em termos de coerência com a verdade – como ocorre no caso da mentira –, mas se apresenta como um estilo discursivo, ou seja, uma suspensão circunstancial da correspondência entre o que dizemos e aquilo que pensamos ou acreditamos no momento da enunciação. A hipocrisia é, fundamentalmente, uma questão performativa: ela diz respeito tanto ao conteúdo do que se enuncia quanto ao modo como se enuncia (visto que o ato de falar é também uma forma de ação, capaz de afetar sentimentos e emoções, e não apenas a razão). A decisão de silenciar ou de não expressar com exatidão o que se pensa ou se deseja comunicar é, desde o início, uma escolha controversa; e o é, em primeiro lugar, para o próprio agente.

Comecemos com dois exemplos extraídos da vida cotidiana.

Primeiro exemplo. Participo de um jantar na casa de amigos ao qual comparecem tanto pessoas conhecidas quanto outras que vejo pela primeira vez. Durante a noite, inicia-se uma discussão sobre um tema "não radicalmente controverso": um daqueles que se enquadram nos parâmetros da tolerabilidade e do compromisso. Ao longo do debate, alguns convidados expressam posições com as quais discordo. À medida que minha participação se intensifica, uma voz interior começa a sugerir que eu recue, que renuncie à expressão direta do que penso ou, ao menos, que modere minhas palavras, caso não consiga manter o silêncio. No entanto, minha disposição polêmica acaba por sobrepor-se à prudência, e acabo dizendo exatamente o que penso, da forma que melhor traduz a força das minhas convicções, desencadeando, assim, uma discussão da qual ninguém sairá sereno (muito menos eu).

Caminhando para casa com um amigo, confesso ter-me sentido desconfortável com a situação e me arrependo de ter perdido o autocontrole, incapaz de manter silêncio ou, ao menos, de falar de maneira mais cautelosa; tanto os anfitriões quanto os demais convidados ficaram constrangidos com a harmonia abruptamente rompida; jamais plenamente restaurada ao longo da noite, nem mesmo no momento das despedidas. Contudo, meu amigo observa: "Acho que você fez muito bem em dizer o que pensava; cabia aos outros a capacidade de sustentar suas próprias opiniões, não a você adaptar-se à estreita tolerância deles. Você preferiria ser hipócrita?". Nessa resposta, revela-se o núcleo da questão sobre a hipocrisia que pretendo aqui examinar: trata-se de uma problemática situada no âmbito das relações de *civility* (termo que manterei em inglês, visto que sua tradução italiana – *civiltà* – soa demasiadamente pretensiosa; a palavra mais próxima talvez fosse *urbanidade*), e que também concerne ao caráter da pessoa, envolvendo a educação e a formação da segunda natureza, os *mores*.[2]

2 A palavra *mores* tem origem no latim. Trata-se de um termo – plural de *mos* – que designa tradição, costumes ou hábitos de uma organização social. (N. T.)

Segundo exemplo. Quando eu era criança, minha mãe costumava me repreender porque, a seu ver, eu era mais afável com estranhos do que com ela ou com os demais familiares. Mas essa repreensão constituía, afinal, um apelo à autenticidade ou um convite para que eu adotasse – no ambiente doméstico – os mesmos modos e o mesmo estilo que empregava fora de casa? A questão está longe de ser meramente retórica, uma vez que a acusação de duplicidade comportamental exige esclarecer a qual dos dois padrões de conduta o indivíduo deveria se conformar. As boas maneiras, pelo que pude depreender das queixas de minha mãe, não deveriam ser "meras formalidades": deveriam constituir a expressão exterior coerente com uma intenção interna. Em síntese, o que minha mãe me dizia era que a força de caráter deveria me sustentar, mais do que simplesmente me conduzir a compromissos de ocasião com determinados ambientes e circunstâncias. Não exigia que tratasse os familiares da mesma forma que os estranhos, mas me instava, de modo radical, a ser sempre autêntica; esperava de mim um comportamento quase heroico. De fato, conforme suas observações, eu deveria encarar a vida como uma batalha constante, na qual não haveria espaço para considerações de mera conveniência.

Se refletirmos sobre os dois exemplos extraídos da vida cotidiana, podemos concluir que a autenticidade é, em sua essência, uma forma de egoísmo. Nesse contexto, a hipocrisia surge como uma correção possível dessa inclinação: um tipo de "egoísmo bem-intencionado", para retomarmos – com Alexis de Tocqueville – a definição da ética dos cidadãos em sociedades democráticas. Os exemplos apresentados, nesse sentido, revelam a hipocrisia como uma ferida dupla: infligida tanto à autenticidade da pessoa quanto à própria sociedade, que se veria, assim, privada do ímpeto da paixão e da tensão em direção à perfeição que o ideal educativo da autenticidade procura sustentar.

Desse modo, agir em conformidade com a própria interioridade – ainda que isso implique ferir os outros – e preservar a integridade da própria alma – ainda que à custa de expor o outro à aspereza de nossa autenticidade – são os dois imperativos que norteiam aqueles que se declaram contrários a qualquer forma de hipocrisia. Poderíamos dizer que o pressuposto dessa univocidade entre pensamento e palavra é a negação da necessidade de "morder a língua antes de falar". A hipocrisia, por sua vez, reconhece a existência de uma fraqueza, não apenas a dos outros, mas também de nós mesmos.

Quando confessei a uma amiga – notável historiadora do protestantismo – meu desejo de escrever um livro sobre a hipocrisia, ela reagiu prontamente, afirmando que não se deveria jamais justificar a necessidade de "morder a língua". A seu ver, o ponto de partida deveria ser o respeito às pessoas e, portanto, quem sente a necessidade de calar algo revela pensamentos moralmente injustificáveis. A hipocrisia equivaleria, nesse caso, a reconhecer a existência de um conteúdo inaceitável; seria a admissão de uma fraqueza. Ainda assim, mesmo partindo desse reconhecimento, a hipocrisia pode desempenhar uma função formativa e prestar um relevante serviço à vida civil.

Como se sabe, ensina-se às crianças a dizer "obrigado" e "de nada". Quando elas perguntam por que devem obedecer a essa regra, recebem de imediato a resposta: "porque é assim que se faz". Ponto final. O primeiro degrau da educação para a urbanidade consiste, portanto, em uma forma de hipocrisia: aprender a comportar-se, ou seja, exercitar desde a infância e consolidar certos hábitos. Por outro lado, é inegável que todo rigorismo moral ou ideológico tende a engendrar tanto a hipocrisia quanto sua condenação. Quanto mais se confia em um sistema de crenças exigente e dogmático, mais difícil se torna estabelecer o que deve ser considerado absolutamente inviolável e o que, ao contrário, pode ser objeto de alguma transigência em nome de uma acomodação possível com o mundo. Quando se tenta realizar essa operação – quase sempre motivada pelo desejo de viver em paz – a rigidez cede lugar à hipocrisia.

A pureza de coração precede a *civility*? Estamos dispostos a admitir que a intransigência de princípios se anteponha a uma boa relação com o outro, ponto de partida necessário para a constituição de vínculos fundados no respeito? Devemos declarar guerra à vizinha que vive uma união não heterossexual, ou buscar com ela uma convivência pautada pela urbanidade? E, ao agir assim, estaríamos aceitando aquilo com que não concordamos? Em síntese: a hipocrisia está relacionada à verdade ou constitui uma prática comportamental voltada à convivência? Neste livro, tratarei a hipocrisia como uma prática comportamental, um *modus operandi* que não exige renúncias, pois não vincula o respeito pelo outro à adesão às suas visões de mundo. O lema da hipocrisia virtuosa é: "respeitar e seguir o próprio caminho". Trata-se de um exercício de separação entre esferas distintas da vida e de busca por um equilíbrio entre não ferir o outro e não trair a si mesmo. É um comportamento imperfeito, mas exigente, cuja realização pode ser facilitada pela prática efetiva dos direitos. É precisamente essa prática que nos protege contra o risco da hipocrisia sistêmica e que nos prepara para o respeito recíproco. A hipocrisia, portanto, não deve nos bastar. Ela representa, no entanto, um primeiro e indispensável degrau na transição entre a intolerância e a aceitação do pluralismo de mundos e modos de vida, condição prévia para que nossas condutas se alinhem, de fato, ao princípio do respeito e do reconhecimento do outro.

Os direitos vêm em nosso auxílio: confiar exclusivamente no esforço da vontade tornaria a tarefa demasiadamente árdua e, sobretudo, faria que o resultado fosse incerto, instável e inconstante. Respeitar o outro implica respeitar tanto seus direitos quanto os meus, ou seja, respeitar a liberdade comum de escolhermos como viver, a partir do reconhecimento mútuo. É dessa reciprocidade que nasce a tranquilidade necessária para nos sentirmos verdadeiramente livres. Podemos, assim, avançar um passo adicional e afirmar: os direitos têm duas faces. Uma se volta àqueles que poderiam ser objeto de nossa eventual intolerância; a outra, dirige-se a nós mesmos. Os direitos instituem relações mútuas de dar e receber, de comunicação e de troca.

A pacificação instaurada pelos direitos nunca é absoluta nem isenta de dor. Por isso, a hipocrisia constitui um excelente termômetro para aferir sua solidez. Há pessoas que atribuem grande valor à manutenção de boas relações – sobretudo em contextos sociais mistos, que envolvem amigos, conhecidos e até estranhos (estes também sendo, por vezes, palco de manifestações hipócritas) –, enquanto outras priorizam a autenticidade e a transparência a qualquer custo. Algumas se empenham em contextualizar; outras, não. Existem situações e temas que não admitem diplomacia – como o abuso, a arrogância do poder, a intolerância militante ou a violência –, no entanto, há circunstâncias nas quais o respeito à sensibilidade alheia e, por conseguinte, a urbanidade devem prevalecer, antecedendo inclusive nossa pretensão de sinceridade para conosco ou de fidelidade à própria autenticidade. Ao contrário do que se imagina, quem busca contextualizar demonstra, em geral, menor egocentrismo do que os outros.

Pode-se objetar, contudo, que nem no caso da intransigência o sujeito atuante professa, de fato, uma ética da coerência. Mesmo aquele que sustenta a exigência de expressar integralmente o que pensa obedece, em última instância, a uma agenda voltada às opiniões alheias. A parrésia não equivale a uma sinceridade absoluta, embora se caracterize pela franqueza no ato de dizer o que se pensa, em tempo real. Quem sustenta o dever de falar sem reservas considera cada indivíduo como depositário de uma autoridade com direito indiscutível ou fundamentos sólidos para impor-se. Por isso, não é exato afirmar que o repúdio à hipocrisia se baseia exclusivamente na preocupação com a (própria) coerência. Seria mais preciso reconhecer a impossibilidade de prescindir do olhar do outro; é o caso, por exemplo, daquele que deseja ser visto como uma pessoa íntegra, que não se presta a "declarações indiscriminadas" nem se submete ao gesto de "morder a língua".

O amigo que valorizou meu comportamento não hipócrita zelava, ele próprio, de forma intensa, por sua imagem diante dos outros. Também ostentava uma máscara, cuja preservação e exibição compunham, como diria Barbara Carnevali, um verdadeiro espetáculo. A reputação, afinal, constitui um objetivo de grande relevância, inclusive para aqueles que se opõem ao ideal de autenticidade.

Em uma sociedade como a nossa, na qual a visibilidade das pessoas se ampliou consideravelmente, em especial em virtude das novas tecnologias, a reputação – como observou com precisão Gloria Origgi – assume uma intensidade crescente, marcada por uma alternância contínua entre a atenção à forma como nos percebemos e à maneira como somos percebidos pelos outros. Retomando o percurso delineado por Jean-Jacques Rousseau, é nessa tensão entre duas pulsões que se realiza o esforço existencial e relacional de cada indivíduo. A reputação – que também pode ser compreendida como uma busca por reconhecimento – constitui a força propulsora que orienta aquilo que Gloria Origgi denomina *homo comparativus*. Nesse contexto, formam-se nossos saberes e competências, assim como configuram-se as escolhas de gosto (valores estéticos e culturais) e de consumo (bem-estar econômico).

Daí a pergunta final: quem é, afinal, o hipócrita, e quem não o é? Seria suficiente afirmar que o hipócrita é quem não diz sempre o que pensa? Ou seria necessário acrescentar que a hipocrisia pode, inclusive, ocultar-se justamente onde há aparente coerência entre pensamento e discurso? Nesse ponto, torna-se evidente que nosso interesse não se limita à relação entre o que se pensa e o que se diz, mas estende-se à dimensão já mencionada do "dar-se a ver". A analogia com o teatro – como será explorado no Capítulo 1 – constitui, nesse sentido, um ponto de partida essencial. Se o aparecer diante dos outros é o verdadeiro critério de prova, então faz sentido afirmar que até mesmo a proclamação da autenticidade pode servir à hipocrisia. A questão, por isso, revela-se mais complexa e instigante do que aparenta ser quando nos restringimos à avaliação da mera coerência entre pensamento e fala.

A hipocrisia refere-se ao agir em público, nos múltiplos espaços sociais, assumindo nuances e formas diversas. As relações sociais tornam-se civilizadas – há *civility* – porque os indivíduos são capazes de "pensar duplamente" (para usar a expressão de Marguerite Yourcenar), de calibrar a fala (que é também uma forma de ação) em função da reação alheia, frequentemente indireta, mediada por olhares e gestos que expressam o grau de estima que nutrimos por quem está diante de nós. Nesse contexto, a hipocrisia opera como um indicador de maturidade e autogoverno: revela a capacidade de enfrentar conflitos sem recorrer à coerção. Em última instância, o comportamento hipócrita nos permite preservar um bom nível de autodomínio. Trata-se de uma virtude, com frequência, negligenciada ou subestimada em meio ao impulso quase instintivo de condenar a hipocrisia. Como será discutido no Capítulo 4, embora seja comum censurar o político que "diz uma coisa e faz outra", é também habitual desconsiderar que, em certas circunstâncias, tal dissociação pode decorrer da consciência – e da aceitação – do peso de estar permanentemente sob o escrutínio da opinião pública.

A hipocrisia pressupõe – e ao mesmo tempo contribui para consolidar – uma forma de sociabilidade madura, uma vida pública na qual o medo da violência física e do arbítrio foi bastante atenuado, e na qual as rigidezes ideológicas e dogmáticas – sejam elas de natureza religiosa ou não – foram progressivamente diluídas. Compreendida como *civility*, a hipocrisia configura-se como uma virtude liberal. Como veremos no Capítulo 3, ela sinaliza a existência de uma base sólida de liberdade. Sua ocorrência é inconcebível em uma sociedade que carece de fundamentos jurídicos e ético-políticos que permitem às pessoas calibrar a autenticidade à luz de uma adaptação ponderada ao contexto.

Quanto mais nos afastamos das relações íntimas, sejam elas familiares ou de amizade, mais se torna necessário recorrer à hipocrisia; ainda que, como se pode intuir, nem mesmo nesses vínculos afetivos seja totalmente inadequado considerar a sensibilidade do outro e as circunstâncias envolvidas. Pode-se afirmar, inclusive, que em certos momentos buscamos deliberadamente moderar nosso impulso de autenticidade – até em relação a nós mesmos –, na medida em que não somos, de fato, entidades unívocas.

Desse modo, torna-se evidente que a hipocrisia está estreitamente vinculada à tolerância, essa virtude "fria" da qual não podemos prescindir. Ainda que, na atualidade, ela nos pareça insípida ou morna, com certeza não o era quando se impôs a duras penas – e com derramamento de sangue – ao longo das décadas marcadas pelas guerras religiosas. Mesmo nas sociedades plurais e multiculturais contemporâneas, ela continua a ser, com frequência, uma virtude exigente. Uma sociedade na qual a tolerância se mantenha apenas como virtude fria é, ainda hoje, uma rara exceção.

Assim como a tolerância, a hipocrisia também exige sacrifício; e o "politicamente correto", como discutiremos no último capítulo, representa justamente a medida do sacrifício exigido aos cidadãos das democracias modernas. Segundo o filósofo norte-americano Richard Rorty, a vida fora do lar constitui uma árdua escola de autocontenção e acomodação, com frequência suportada com o pensamento voltado ao momento em que, enfim, retornaremos para casa e nos sentiremos livres da necessidade de mediação. A verdadeira questão reside, portanto, em saber quanto estamos dispostos a sacrificar – ou melhor, quanto sacrifício nos é exigido – para viver civilmente. Mas nem todas as sociedades impõem o mesmo esforço: algumas se revelam consideravelmente mais extenuantes que outras por possuírem uma "segunda natureza" menos consolidada. Podemos, então, conceber a hipocrisia como um indicador da qualidade da vida em comum: uma hipocrisia próxima de zero corresponderia, muito provável, a um corpo civil bastante dilacerado.

Ao abordar o tema da hipocrisia, é essencial esclarecer, desde o início, que ela não deve ser confundida com dissimulação ou mentira, *vícios postos a serviço de outros vícios*.

2. Mentira e hipocrisia

A dissimulação e a mentira são falhas morais que sinalizam – e com frequência produzem – situações de sofrimento extremo e, quando presentes, deixam pouco ou nenhum espaço para a hipocrisia. A mentira é voraz, tende a absorver a hipocrisia em sua lógica, neutralizando sua distinção. A *civility*, ao contrário, empenha-se em preservar essa distinção, mantendo-se separada da falsidade deliberada. A hipocrisia pertence à esfera performativa da ação, não à verdade; por essa razão, não se confunde com a mentira. Ela concerne ao estilo da comunicação, à maneira como algo é enunciado. Existem múltiplas formas de expressar aquilo que consideramos verdadeiro ou que desejamos comunicar. Buscar uma forma de exposição que favoreça o diálogo e a convivência constitui um recurso valioso, tanto para a virtude comunicativa quanto para a própria *busca da verdade*.

Ao contrário da mentira, a hipocrisia não visa manipular fatos nem ocultar a verdade em benefício de interesses pessoais. Não se trata de uma forma de "falsificação de preferências", como formulado por Timur Kuran, ainda que seja necessário reconhecer que, ao cultivar boas relações com os outros, possamos acabar agindo de modo que nos seja também vantajoso. No entanto, esse efeito colateral não constitui – nem deve constituir – um objetivo deliberado, tampouco uma estratégia orientada à dissimulação de preferências autênticas com vistas à obtenção de algo que, de outro modo, não seria alcançável.

A manipulação, por sua vez, consiste em um plano intencional que busca um resultado vantajoso para quem a pratica, mesmo que isso exija moldar o ambiente e o discurso de modo a induzir o interlocutor à direção desejada. Como observava Rousseau, dizer algo falso não equivale, por si só, a mentir, "a menos que haja a intenção de enganar".[3] Condenar a manipulação significa, portanto, não apenas reprovar a intenção maliciosa, mas também as consequências que ela acarreta. À indagação "existem mentiras inocentes?", Rousseau respondia que não basta a ausência de intenção de causar dano, é necessário que o erro para o qual se conduz o outro não prejudique "nem a ele nem a outrem, de forma alguma".[4]

Essa distinção permite afirmar: se é verdade que a proximidade entre hipocrisia e mentira reside no fato de que ambas dependem, para ter êxito, do não desvelamento, também é certo

3 Rousseau, *Le passeggiate del sognatore solitario*, p.66. A distinção entre erro e mentira orienta também a compreensão da ideia presente no *Contrato social*, segundo a qual a vontade geral nunca erra, e quem, com seu voto, acaba na oposição, comete um erro. A sinceridade constitui a premissa da legitimidade da distinção entre maioria e oposição.

4 Ibid., p.67.

que a distância entre elas se revela nas consequências. A manipulação não se define apenas pela premeditação, mas também pelo objetivo principal de assegurar os interesses pessoais. Já o hipócrita preocupa-se, antes de tudo, em preservar um ambiente propício à comunicação. Ainda assim, a proximidade estrutural com a mentira deve sempre servir como advertência.

3. Interesse e preconceito

Mesmo em sociedades fundadas sobre os direitos, a hipocrisia pode ser instrumentalizada como artifício argumentativo para restringi-los, conduzindo, assim, a desfechos que favorecem, em primeiro lugar, os próprios agentes hipócritas. A questão central pode ser formulada nos seguintes termos: a integração social deve fundamentar-se prioritariamente nas intenções individuais e em suas escolhas morais conscientes, ou deve decorrer da correlação indireta e não premeditada entre condutas e efeitos sociais? Um exemplo desses dois modelos de integração – um de natureza direta, o outro de caráter mediado – é oferecido na análise aguda de Gerald Allan Cohen sobre a desigualdade.

Alguns anos atrás, Gerald Allan Cohen descreveu a figura de Bulstrode, um dos protagonistas do romance *Middlemarch*, de George Eliot, como "um homem cujos desejos haviam sido mais fortes do que suas convicções teóricas, e que, gradualmente, ajustara a satisfação de seus desejos a um acordo aceitável com essas convicções".[5] Se isso for hipocrisia – observava

5 Cohen, If You're an Egalitarian, How Come You're So Rich?, *The Journal of Ethics*, p.1-26. Cohen questionou: "O que a justiça exige

Cohen –, "trata-se de um processo que se manifesta em todos nós, independentemente da confissão à qual pertençamos". A partir desse diagnóstico, Cohen propôs refletir sobre a tensão entre "crença teórica" na igualdade e "desejo" de bem-estar material como dissonância entre identidade ético-política professada e identidade moral subjetiva praticada.

Seria necessário que crença e ação coincidissem integralmente para que o compromisso público com a igualdade se revelasse eficaz? Tal exigência não demandaria coerência existencial que ultrapassa os limites da eficácia política das ações individuais? O problema permanece em aberto, e nenhuma abordagem realista sobre a hipocrisia pode pretender oferecer uma resposta conclusiva. Estamos seguros de que, se aqueles que acreditam na igualdade desejam, ao mesmo tempo, melhorar sua condição pessoal, a sociedade necessariamente caminhará em direção à desigualdade? E mais: quando pensamos em igualdade, estamos imaginando indivíduos que renunciam ao próprio bem-estar ou indivíduos que aspiram à ampliação de suas oportunidades? Em outros termos, a igualdade remete a uma ética do sacrifício e da austeridade, ou a uma política de inclusão e expansão das possibilidades de vida?

Como se pode intuir, por trás da questão da interpretação da hipocrisia esconde-se determinada concepção da sociedade em geral, notadamente, das possíveis consequências, benéficas

---

daqueles que vivem em uma sociedade desigual?". Em outras palavras, deveriam os indivíduos que professam a igualdade, mas residem em uma sociedade intrinsecamente desigual, sentir-se compelidos a incorporar, na medida do possível, em suas vidas o princípio de igualdade que reivindicam que o governo estabeleça?

ou danosas, que podem advir das ações individuais, mesmo quando não intencionadas. A reflexão sobre a hipocrisia remete, portanto, à já mencionada distinção entre dois modelos de integração social. A ordem social se estabelece por meio da harmonização intencional das ações dos agentes, sustentada por processos comunicativos ou sociais baseados em um entendimento compartilhado e previamente estabelecido sobre o que deve ser feito? Ou, ao contrário, resulta das consequências não intencionais de ações individuais que se desenrolam independentemente da vontade ou do conhecimento dos próprios agentes, sendo a célebre "mão invisível" de Adam Smith o exemplo clássico desse segundo modelo?

Como observou Daniel Luban, nem mesmo um materialista como Bernard de Mandeville deixava de reconhecer que nenhuma sociedade poderia subsistir sem alguma forma de sociabilidade que transcendesse o mero interesse bruto. De fato, entre os chamados "benefícios públicos",[6] Mandeville considerava a própria sociabilidade como seu componente mais essencial. A complexidade da questão se intensifica quando consideramos situações nas quais os ideais – por exemplo, o da igualdade – colidem *não apenas* com interesses, mas também com preconceitos. Quando "se prega bem, mas se pratica mal", qual é exatamente a pregação em questão? Aquela alicerçada no preconceito ou a orientada por uma concepção de justiça?

Jon Elster observa que as mulheres não conquistaram o direito ao voto, ao lado de seus concidadãos homens, no contexto da Revolução de 1789 – não apenas na França –, não porque

6 Luban, Bernard Mandeville as Moralist and Materialist, *History of European Ideas*, p.838.

o sufrágio feminino fosse percebido como ameaçador a algum interesse específico, mas porque as mulheres eram consideradas em condição análoga à dos menores de idade. Alguns recorriam ao argumento do interesse: sustentava-se que, por se dedicarem prioritariamente ao cuidado da família e dos filhos, as mulheres possuíam racionalidade funcional orientada sobretudo ao bem da esfera doméstica e, portanto, seriam incapazes de deliberar nos termos mais amplos do bem comum.[7] A exclusão do sufrágio, nesse contexto, podia parecer racionalmente justificada. Na Itália, essa interpretação foi alvo de intenso debate entre Filippo Turati e Anna Kuliscioff, sua companheira tanto na vida quanto nos ideais.

Mas, em muitos casos, ao justificarem a exclusão das mulheres da cidadania em nome do bem geral, diversos revolucionários franceses – e, a seu exemplo, numerosos liberais, socialistas e democratas das gerações seguintes – não demonstravam qualquer constrangimento em externar opiniões abertamente misóginas, equiparando as mulheres a menores de idade. Apesar das ideias revolucionárias de liberdade, fraternidade e igualdade, o preconceito persistia e, sobretudo, nem sempre era dissimulado. Essa ausência de hipocrisia mostrava-se, nesse contexto, ainda mais preocupante do que o argumento "racional" sobre a suposta incapacidade das mulheres de discernir o bem comum. A sinceridade pública na manifestação de preconceitos revelava-se, assim, mais deletéria à causa feminina do que a presumida hipocrisia de invocar o interesse geral.

---

7 Elster, Throwing a Veil Over Equality: Equality and Hypocrisy in the Revolutionary Era. In: Sypnowich (Ed.), *The Egalitarian Conscience*.

Sentir-se constrangido ao expor em público um preconceito é sinal de que uma sociedade caminha em direção à *civility*: é precisamente aí que reside a *força civilizadora da hipocrisia* à qual se refere Jon Elster, uma força que acompanha, e não precede, a redefinição das relações de poder, manifestando-se junto das conquistas de direitos.

O preconceito misógino com certeza persiste mesmo em sociedades marcadas pela prática da hipocrisia. Contudo, nesses contextos, sua manifestação pública tende a constranger quem o expressa – inclusive os opositores da igualdade –, o que constitui um indicativo significativo do poder regulador da opinião pública sobre aquilo que as pessoas (inclusive as mais influentes) se sentem autorizadas a pensar e dizer. Assim, uma sociedade na qual políticos não se sentem à vontade para dizer tudo o que pensam é, de forma paradoxal, mais civilizada do que aquela em que eles falam impunemente, certos da adesão tácita da maioria. Como se verá adiante, nas sociedades fundadas no direito, a função civilizadora da hipocrisia se expressa, sobretudo, na prática do politicamente correto.

4. Hipocrisia x totalitarismo

Este livro convida a considerar a hipocrisia, antes de tudo, como uma vestimenta defensiva que utilizamos – nem sempre com plena eficácia – para evitar que o ambiente no qual nos encontramos se torne hostil e, ao mesmo tempo, para que possamos nos sentir à vontade, sem nos tornarmos alvo de intolerância nem sermos compelidos a assumir o papel de heróis ou mártires. A força da opinião alheia, nesse sentido, exerce função salutar.

É certo que a mentira também pode operar como instrumento de defesa, sobretudo quando o ambiente se revela tão hostil ao pluralismo e à diferença – por vezes, de maneira violenta – que leva os dissidentes a buscar refúgio no disfarce e na ambiguidade. Nesse cenário, a força da opinião dos outros – seja da maioria, seja daqueles que detêm o poder – torna-se absoluta e maléfica.

Nos regimes absolutistas antigos, de cunho secular ou religioso, assim como nos regimes fascistas e totalitários modernos, a mentira impôs com frequência o desdobramento da personalidade e o ocultamento do verdadeiro eu. No verão de 1935, após uma operação policial que desmantelou o movimento *Giustizia e Libertà* no Piemonte, resultado da prisão de seus dirigentes e militantes, Norberto Bobbio passou uma semana na prisão à espera de ser interrogado. Após receber uma notificação de "advertência" da delegacia, Bobbio escreveu uma carta a Benito Mussolini, na qual se defendia, solicitando ao ditador que o isentasse do peso de uma acusação "injustificada", capaz de comprometer sua recém-iniciada carreira universitária. Quando essa carta foi revelada pelo semanário *Panorama*, em 1992, com o objetivo de colocar em dúvida a integridade moral do antifascismo, Bobbio comentou o significado daquela "carta servil" com as seguintes palavras: "Para salvar-se, em um Estado ditatorial, são necessárias almas fortes, generosas e corajosas; e reconheço que, naquela ocasião, com aquela carta, não fui uma delas".[8]

A hipocrisia tratada neste livro não é o salva-vidas ao qual as pessoas se agarram em contextos marcados pelo domínio e

8 Bobbio, *Autobiografia*, p.32-3.

pelo arbítrio; não é um sintoma da ausência de liberdade individual, tampouco se confunde com o ocultamento ou com uma ambiguidade humilhante. A hipocrisia enquanto *civility* não pertence às sociedades iliberais. Pelo contrário, a forma de hipocrisia aqui examinada remete a uma sociedade pacificada no âmbito dos direitos, que reconhece a diversidade das pessoas, uma sociedade que não exige gestos heroicos de seus membros. Nesse tipo de contexto, o risco predominante é o da conformidade a regras de comportamento: um vício brando, que facilita as relações públicas, sociais e civis, e, não raramente, as privadas e íntimas. Nessa acepção, a hipocrisia torna-se indício e reconhecimento da imperfeição humana.

Essa interpretação exige, porém, clara definição dos limites da hipocrisia, reconhecendo que a fronteira que a separa da mentira, da ambiguidade e da manipulação é porosa e instável. Exige, sobretudo, que sejamos nós, individualmente, os responsáveis por vigiar esses limites, que a decisão sobre o que dizer ou calar nos pertença, e não a quem nos governa. Assim como a hipocrisia protege nossa pessoa, devemos também ser capazes de governá-la, e não deixar sermos governados por ela. Em outras palavras: devemos nos proteger do véu que usamos no compreensível intuito de resguardar-nos do olhar alheio. Não devemos tomar o nós público como modelo privilegiado de nossa identidade existencial e íntima. Mas esse "dever" que nos impomos é de ordem moral, subjetivo, autônomo e assumido com responsabilidade.

A hipocrisia persiste enquanto persiste o duplo – isto é, a separação entre diferentes esferas da vida –, e não quando absorve todos os modos de ser. É precisamente da sua não absolutização que decorre sua contribuição à virtude da sociabilidade, como será analisado no exame da arte da separação, uma das condições fundamentais da *civility*.

É nesse exercício contínuo de controle e autocontrole que a personalidade se forma, a tal ponto que se poderia afirmar: educação bem-sucedida é aquela capaz de integrar os indivíduos à sociedade civil sem convertê-los em sujeitos passivos ou (excessivamente) conformistas. Um conformismo moderado. Essas são algumas das condições que permitem compreender a hipocrisia como arte do comportamento. Tal como toda arte, ela orienta a ação de modo sensível ao contexto, com o intuito de respeitá-lo, não de subvertê-lo. No entanto, "respeito" não deve ser confundido com aceitação cega. Trata-se, pois, de uma arte de natureza conservadora. Mas até que ponto?

A transgressão, a ruptura das amarras, a inversão das boas maneiras são sinais do colapso da hipocrisia, isto é, do abalo da normalidade ordinária que ela promove e torna possível. O arremesso de ovos podres contra senhoras e senhores que, na Noite de Santo Ambrogio de 1968, dirigiam-se ao Teatro Scala para a tradicional inauguração da temporada lírica, foi um gesto de ruptura simbólica que denunciava uma violação ostensiva e pública do código de civilidade. Aquele ato selou a entrada formal do movimento juvenil de contestação na esfera pública, após meses de fermentação iniciada na primavera daquele mesmo ano. Emulando a "guerra à hipocrisia" travada no século XVIII contra os oportunistas da corte de Versalhes, Mario Capanna e seus companheiros lançaram ovos contra "damas e cavalheiros empelicados" que ostentavam, sem o menor pudor, vestes cujo valor superava o salário anual de um operário. Sem pudor, eis a acusação central. O insulto, a arrogância, o escárnio de se declararem iguais perante a lei enquanto encenavam, publicamente, uma desfaçatez desigual; tal era a ambiguidade, tão gritante e tão pouco disfarçada, que já não cumpria mais sua função de articulação civilizada das diferenças e dos dissensos.

A hipocrisia pode ainda funcionar como vício a serviço da virtude da sociabilidade apenas enquanto sua distinção em relação à mentira se mantiver crível, e, para isso, não basta que essa distinção seja subjetivamente acreditada. As relações materiais e sociais, bem como as normativamente reguladas pelo direito e pela moral, precisam manter entre si certo grau de consonância – ainda que nunca perfeitamente coincidente – para que a hipocrisia permaneça tolerável. Do contrário, mesmo uma ficção aparentemente inofensiva pode converter-se em afronta insuportável. Nesse cenário, a hipocrisia deixa de ser estratégia de convivência civil para tornar-se foco incendiário.

Este livro tem uma história que merece ser brevemente contada, como forma de expressar minha gratidão a todas e todos que, ainda que sem intenção deliberada, contribuíram para sua inspiração. Tudo começou com uma aula sobre a função civil da hipocrisia, ministrada por mim em setembro de 2012, durante o curso da escola Libertà e Giustizia, em Poppi. Naquela ocasião, participaram ativamente do debate – junto de diversos amigos da associação – Franco Sbarberi, incansável organizador da escola em sua cidade natal, Sandra Bonsanti, Pinuccia Magnaldi, Pier Paolo Portinaro, Salvatore Veca e Gustavo Zagrebelsky. A todos eles, que enriqueceram a discussão com observações lúcidas em um clima de afeto e amizade, tenho profundo sentimento de gratidão. Em uma versão reformulada, apresentei o texto novamente durante uma noite de estudos, ao mesmo tempo divertida e formativa, organizada por Michele Di Gregorio na primavera de 2017, em sua residência em Pisa. Ali tive o prazer de dialogar com, entre outros, Lina Bolzoni, Silvia Panichi e Arnaldo Testi. Alguns meses atrás, foi Francesca Bertuzzi, da editora Il Mulino, quem me convenceu a resgatar essas anotações do fundo da gaveta. Pela versão aqui publicada, assumo integralmente a responsabilidade. As menções feitas são, portanto, um gesto de reconhecimento a uma comunidade de pessoas que, ao longo dos anos, tornou minha vida mais rica, tanto em ideias quanto em boas conversas.

I

Entre terra, céu e teatro: brevíssima história de uma palavra

A hipocrisia possui uma história que reflete o sincretismo da civilização ocidental. Sua origem remonta à Antiguidade e não carrega, de início, uma conotação radicalmente negativa; no contexto cristão, porém, ela se converte em pecado. Mais tarde, na era moderna, ressurge e se transforma, reincorporando elementos antigos, sem, no entanto, romper completamente com a referência ao pecado. O termo provém do grego *hypokrisíē*, cujo significado original era "atuar".[1] Com o advento do cristianismo, o vocábulo passou a designar, sobretudo, atos de simular e dissimular. Nos dicionários contemporâneos, em quase todos os idiomas europeus,[2] a hipocrisia é mais comumente associada à ambiguidade e à falsidade do que às ideias de aparência, ambivalência ou atuação. Parte relevante da trajetó-

1 Seria igualmente possível traduzir o termo por "representar". Escolhi "atuar" pela origem teatral do conceito, ideia mobilizada pela autora. (N. T.)

2 O mesmo pode ser observado no *Dicionário Houaiss da língua portuguesa*, cujos significados passam por falsidade, dissimulação, fingimento. (N. T.)

ria desse conceito, portanto, é marcada pelos esforços – nunca plenamente bem-sucedidos – de distingui-lo de outros vícios morais aparentados. Neste capítulo, buscaremos examinar e ilustrar tais tentativas.

1. Teatro e retórica

No mundo grego, assim como a retórica, a hipocrisia dizia respeito a uma ação realizada em público. A figura do *hypokritês*, o "ator", desempenhava um papel que os atenienses da Antiguidade não consideravam apropriado para os líderes políticos, embora não o associassem, como viria a acontecer com o cristianismo, à impostura moral. Em *Oração da coroa*, o orador Demóstenes atacou seu rival Ésquines, qualificando-o como caluniador profissional, argumentando que, por ter sido anteriormente um ator de sucesso, aprendera a arte de representar papéis, o que, segundo ele, o tornava indigno de confiança para o exercício da política. Nesse contexto, a crítica de Demóstenes expressava mais juízo de conveniência do que propriamente juízo moral.

Também para Aristóteles, a ênfase conferida ao "atuar" lançava uma sombra negativa sobre a hipocrisia. Na *Ética a Nicômaco*, contrapõe o método irônico de Sócrates – que se abstém de persuadir sem argumentos e se declara ignorante, embora não o seja – à vanglória, que consiste em ostentar qualidades que não se possui (ou que não se possui na medida proclamada). Nesse caso, o objetivo é o sucesso do orador; no caso de Sócrates, é o êxito na busca pela verdade. A "douta ignorância" opõe-se frontalmente à impostura e à vanglória (1.127a-b). Esta se manifesta como "fazer-se passar por", uma exibição de atributos que o orador/ator deseja fazer crer que possui, mesmo que, na realidade, não os detenha. Trata-se de um jogo de espelhos que Maquiavel, séculos depois, sugeriria ao seu Príncipe, e que, segundo Aristóteles, aproxima mais aquele que representa de um adivinho do que de um sábio.

É o propósito que confere o sentido e a gravidade da ação: vangloriar-se por mero prazer ou por um impulso incontrolável – sem intenção de obter qualquer benefício além disso – não é o mesmo que agir visando a um objetivo que prejudica o interlocutor de modo dissimulado? Tanto o ator quanto o mal-intencionado se valem da mesma arte – a hipocrisia –, mas seus objetivos divergem profundamente. Essa distinção permanece sendo, ainda hoje, de notável relevância.

Na Antiguidade clássica, o juízo sobre a ação não se concentrava tanto nas intenções, mas sim na reputação e na forma como os atos se inseriam no contexto comunitário. A pólis grega era fundada em um espírito comum que selava a amizade entre os cidadãos, e qualquer pretensão de preeminência individual representava um risco à coesão social, podendo precipitar a cidade à desunião e ao declínio. Por isso, mais do que a hipocrisia como vício moral, era o desejo individual de sucesso que suscitava preocupações entre os antigos; ao contrário do que ocorreria posteriormente com os cristãos. Virtudes políticas como a atenção ao contexto e o sentido do decoro estavam igualmente bem representadas na obra *Dos deveres*, de Cícero, na qual se afirma que o interesse individual deveria ser buscado em consonância com o bem comum da cidade. Como veremos no próximo capítulo, a concórdia era, para Cícero, a virtude por excelência do cidadão romano, uma virtude intrinsecamente associada ao decoro e à retórica.

Nesse ponto, torna-se necessário deslocar o foco do agente para a ação. O verbo *hypokríno* é formado pelo prefixo *hypo* (sob) e pelo verbo *kríno*, que designa uma operação fundamental para a vida na pólis: distinguir, discernir, avaliar, separar, julgar. A ele está associado o verbo *krinein*, que significa "julgamento", não apenas como ato individual de julgar, mas como processo coletivo de deliberação. Na *Política*, Aristóteles emprega esse último termo para referir-se às decisões judiciais tomadas segundo os procedimentos da justiça (1.253a, 35) e pelos cidadãos investidos de autoridade para deliberar (1.275b, 19). O exame crítico do caso submetido ao julgamento caminha, portanto, lado a lado com a liberdade política, pois é precisamente na cidade livre que se decide em comum sobre os temas a serem debatidos nos tribunais e na assembleia. Em síntese, *kríno* e *krinein* remetem a ações profundamente enraizadas na dimensão performativa – tanto teatral quanto política – da vida cívica.

Na base da hipocrisia estão a separação, a distinção, o crivo crítico – em suma, a atenção própria ao julgamento –, e não a espontaneidade ou o impulso. Não se é hipócrita por engano, tampouco por reação instintiva. *Hypokríno* designa uma atuação em sentido amplo: corresponde a "responder" *ao* outro e *em* público ao estabelecer um diálogo com os demais. O ator busca conquistar os espectadores, e o exame de sua capacidade performativa ocorre previamente, em um diálogo interior, antes de subir ao palco. Já o crivo crítico é abrangente e pressupõe um desdobramento entre quem age e quem observa, tal como ocorre no julgamento. Cícero, no *Orador*, afirmava que o bom advogado é aquele capaz de interpretar três papéis: o do juiz, o do adversário e o do próprio cliente. Para defender adequadamente uma causa, ele não pode estar tão imerso nela a ponto de perder a capacidade de avaliar a melhor estratégia de argumentação. O bom advogado não se confunde com a causa que sustenta, como ocorre com o militante, ainda que deva experimentar internamente a força das razões que defende. É precisamente esse distanciamento que também caracteriza a hipocrisia.

A outra palavra que compõe o termo é *hypo*, "ipo", ou seja, sob, cujo significado, nesse contexto, é complexo. Ele não remete apenas ao que está abaixo, mas também sugere a ideia de manter um juízo ponderado e atento, e não apenas recorrer a artifícios. A arte da atuação exige atenção minuciosa ao papel desempenhado, bem como a busca pela expressão gestual ou pela entonação vocal mais adequada. A atriz jamais está sozinha: ela não poderia existir sem um público que a observa, avalia, julga, seja de forma real ou imaginada. É na relação com os outros – com um público – que o *sob* da hipocrisia adquire sentido e passa a indicar uma forma de reflexão ponderada e mediada.

A atividade teatral cria um contexto regido por regras. O ator não lança palavras ao acaso no palco: ele lhes confere *páthos* e as modula de acordo com o personagem que interpreta. O público, por sua vez, não é um receptáculo passivo, mas também exerce papel ativo, pois, ao julgar e reagir, orienta, de certo modo, a própria atuação. É por causa dessa criatividade intrínseca que Platão expulsa as artes imitativas de *A República* (como mais tarde fará também Rousseau), ao considerá-las cópias do real, um falso que engana e usurpa o lugar da realidade. No entanto, Platão não renuncia ao teatro: as "mentiras belas" de que o filósofo se vale para transmitir ideias complexas aos futuros guardiões são construções narrativas elaboradas com cuidado (quase como uma ideologia), destinadas a difundir e fazer aceitar a verdade sem esforço. Na tradição platônica – assim como, posteriormente, na cristã –, a distância entre o filósofo e os sofistas (ou os falsos profetas) define-se pela relação da hipocrisia com a verdade, e não com a performance.

No primeiro livro de *A República*, Trasímaco acusa Sócrates de ser um ilusionista da palavra, isto é, alguém que questiona sem oferecer respostas e simula ignorância para, sorrateiramente, conduzir os interlocutores à sua vontade. Platão, contudo, contrapõe Sócrates ao sofista Trasímaco, evidenciando como este ostenta saber – representa com alma corrompida, atribuindo força retórica às próprias ideias –, enquanto Sócrates emprega a ironia para desmascarar a mentira, a encenação, a ignorância disfarçada dos sofistas. Por meio da ironia, Sócrates mergulha *sob* a superfície da máscara sofística para revelar a armadilha que se esconde sob o verniz dourado da retórica. É a parrésia – sua franqueza irreverente, provocadora e indiferente às consequências sobre o interlocutor – que o distingue dos sofistas, ainda que Sócrates, como eles, também se valha da arte da atuação.[3] Assim, não se pode afirmar que o falar franco seja, por definição, desprovido de cálculo ou ponderação.

2. Pecado e falsidade

No mundo cristão, o *sob* assume significado de falsidade, torna-se domínio do demônio. No "Inferno", ao chegar com

3 Mazzone, Ipocrisia, *Storia e critica del più socievole dei vizi*, p.81.

Virgílio à sexta vala do oitavo círculo, onde jazem os hipócritas, Dante os descreve com uma máscara cujo exterior brilha, mas cujo interior é opressivamente pesado:

> De ouro brilhante, fora, o olhar feriam; dentro de chumbo que, pesadas tanto.[4] ("Inferno", *A divina comédia*, XXIII, 64)

Aquilo que se encontra *sob* a superfície – atrás da máscara – não deve ser revelado. A arte do ator, por sua vez, consiste justamente em sua habilidade de provocar identificação, conduzindo o espectador à cena, sem, contudo, permitir que se confunda com ela. Nesse ponto, *hypokríno* não se reduz ao simples ato de representar; refere-se, antes, a uma forma de agir e interagir marcada pela reflexão e pela ponderação.

O cuidado em representar da melhor forma o próprio papel, ocultando o que se encontra por trás – os artifícios do ofício – assume, nesse contexto, a forma culposa de uma ação orientada à obtenção de consenso. A hipocrisia converte-se, assim, em manipulação: prática conspiratória na qual um *sob* não visível dita as regras do jogo, enquanto a *superfície* – aquilo que se mostra – torna-se mero instrumento. Na cidade dos homens, afirma Agostinho, a vida reduzida ao convívio civil é como uma representação vazia, desprovida da chama da verdade, única capaz de libertá-la dos simulacros do espaço público. A vida e a sociedade devem ser orientadas para a salvação da alma, o único fim que confere nobreza à ação e ao pensamento. Esse anseio pelo bem revela a condição dual da pessoa humana:

---

4 Alighieri, *A divina comédia*, trad. de Italo Eugenio Mauro. (N. T.)

sua "insociável sociabilidade", nos termos que Kant mais tarde consagrará, uma polaridade que o cristianismo radicaliza, impelindo o indivíduo para além dos limites estabelecidos pelas convenções sociais.

Resistir à "cidade dos homens" consiste em exercitar-se para que ela não se torne nossa única morada existencial. A homogeneização e o conformismo – ou, em termos contemporâneos, o "pensamento único" – configuram uma forma de alienação do eu nos simulacros dos papéis e valores públicos. Para o Platão cristão que foi Agostinho, ao fazermos da opinião do mundo nosso sustento, esquecemos quem somos, perdemos nossa unicidade individual e transcendente, tornando-nos exatamente aquilo que o mundo deseja, como atores precisamente. Eis, para o cristianismo, a culpa inerente à hipocrisia.

A "cidade de Deus" consiste em um zelo vigilante e incessante pela nossa relação com o mundo, com o propósito de revelar a força encantatória que nos impele a buscar o aplauso em detrimento da verdade. Ainda que a natureza humana permaneça inalterada – não se trata do retorno ao pecado original –, ela pode e deve ser superada diariamente: viver pela transparência e na transparência, como ensinou Sócrates, significa perseverar nesse caminho mesmo que isso implique tornar-se inimigo do mundo, ser impopular, alvo de zombarias, escárnio e, até mesmo, vergonha pública ou martírio.

A modéstia – lê-se em *A cidade de Deus* (livro XIV) – nasce na mente de Adão e Eva como fruto do sentimento de vergonha ao se descobrirem nus sob um novo olhar. Ela surge, portanto, como resposta ao excitamento humano, servindo para recobri-lo. É pela prática da modéstia que se consolida o pudor – e, com ele, a sociabilidade –, a ponto de até a prostituta não se expor ao público com a mesma desenvoltura com que se apresenta aos clientes. Seria, então, a modéstia questão de aparência? E isso se compatibiliza com o apelo à resistência à lógica do mundo? Agostinho busca articular o sentimento de vergonha – oriundo do reconhecimento do próprio desejo associado ao pecado original – com o aprendizado de um comportamento adequado, não para ocultar, mas para corrigir a origem da vergonha. O hipócrita, ao contrário, detém-se no meio do caminho, e é nesse inacabamento que se encontra sua pecaminosidade.

Não é, portanto, apenas o ocultamento (o *sob*) que define a hipocrisia. Trata-se, fundamentalmente, da exibição calculada daquilo que pode ser útil. Ao contrário da prostituta no exemplo de Agostinho, aqui a hipocrisia configura-se como pecado de imodéstia, capaz de corromper inclusive a ação virtuosa. Até o verdadeiro e o justo podem se tingir de hipocrisia quando, além de serem apresentados à luz do dia – como é legítimo –, se busca que sejam admirados. O filósofo norte-americano Ralph Waldo Emerson observou que os hipócritas são aqueles que praticam a caridade em público e desejam que sua filantropia traga uma placa com seu nome. Já os hipócritas do bem anseiam, antes de tudo, por fazer o bem a si mesmos, para serem admirados ou, quem sabe, lembrados pela eternidade. No desejo de aparecer que envolve certas ações caritativas, manifesta-se o sinal da encenação, da impureza da intenção. A modéstia ou a boa ação, quando associada ao desejo de reconhecimento, perde parte de seu valor moral, tornando-se uma virtude diminuída, ainda que eticamente apreciável. Também por essa razão, Agostinho condena a autodisciplina estoica como sendo uma das formas mais perigosas de pecado: ela serviria para exaltar o poder autossuficiente da razão humana, como se esta fosse capaz de vencer as paixões por si mesma. Vencer o medo, nesse caso, seria prescindir da fé e afirmar a soberania da "cidade dos homens". A hipocrisia a serviço do autogoverno seria, assim, uma escola de vanglória e, portanto, um dos pecados mais insidiosos.

É contra a cisão entre o interior e o exterior da ação – entre a intenção que a inspira e sua manifestação – que o pensamento cristão imprime sua marca, sobretudo ao exigir autenticidade e transparência: a coerência da intenção com o princípio do bem, mais do que a mera conformidade da ação com as normas da sociedade. Nos Evangelhos, Jesus identifica e denuncia a hipocrisia em seu sentido pejorativo, censurando os fariseus por condutas que, desde então, se tornaram paradigmas desse vício. O fato, porém, é que Jesus não exclui a atenção ao contexto; condena-a apenas quando orientada por fins injustos, isto é, contrários ao espírito cristão.

3. O Evangelho

Nos Evangelhos, é possível identificar ao menos três significados atribuídos à hipocrisia, cada um acompanhado por razões específicas que justificam sua condenação.

1. *Aquele que faz o bem não por senso de dever, mas para obter o reconhecimento alheio.* "Quando, pois, deres esmola, não toques trombeta diante de ti, como fazem os hipócritas nas sinagogas e nas ruas, para serem elogiados pelos homens. Em verdade vos digo: já receberam a sua recompensa" (Mateus 6, 2-5).

Jesus não condena o desejo de recompensa em si, mas adverte quanto à fonte onde se deve buscá-la: não nos homens, mas em Deus. Pouco antes, ele diz: "Guardai--vos de praticar vossas boas obras diante dos homens para serem admirados por eles; caso contrário, não recebereis recompensa junto de vosso Pai, que está nos céus" (Mateus 6, 1). O fazer o bem já é, por si só, uma recompensa. Nesse ensinamento, torna-se clara a distinção hierárquica entre o bem e o justo: o bem, por seu valor superior, constitui a fonte última de todo juízo legítimo sobre o que é justo ou errado. Por isso, se o justo não se enraíza no bem supremo, aquilo que julgamos justo poderá, no máximo, ser conveniente ou prudente, mas não será, propriamente, justo. A moral não possui, aqui, autonomia em relação ao juízo religioso. Nos dois capítulos seguintes, veremos que, à medida que essa autonomia passa a ser afirmada e praticada, a hipocrisia começa a adquirir certa dignidade, surge uma justificativa que a liberta, ao menos em parte, de seu vínculo essencial com o pecado. Nesse novo cenário, a dimensão da prudência – valorizada amplamente pela sociedade moderna tanto nas trocas econômicas quanto nas relações sociais – contribui para que a hipocrisia se converta em vício útil. A concepção de hipocrisia torna-se, assim, espelho sobre o qual se projeta a própria concepção de moralidade, seja cristã ou secular.

2. *Quem aparenta fazer o bem, mas não o faz de coração*. Posso agir conforme a justiça obedecendo às leis, mas isso não basta para honrar o bem se meu comportamento não for voluntária e intencionalmente orientado a ele. Agir corretamente ainda não é agir conforme o bem, que exige

envolvimento pleno, isto é, um coração purificado. "Ai de vós, escribas e fariseus hipócritas, porque limpais o exterior do copo e do prato, mas por dentro estão cheios de rapina e intemperança. Fariseu cego, limpa primeiro o interior do copo e do prato, para que também o exterior se torne puro! Ai de vós, escribas e fariseus hipócritas, porque sois semelhantes a sepulcros caiados, que por fora parecem belos, mas por dentro estão cheios de ossos de mortos e de toda imundícia" (Mateus 23, 25-27). A injunção de fazer o bem porque se deve, ou porque é a vontade de Deus, é uma injunção a agir moralmente.

3. *Quem age por mera conformidade a normas ou convenções*. Jesus realiza um milagre em um sábado, enquanto está na sinagoga. Mas o chefe da sinagoga, indignado, lembra-lhe que aquele é o dia reservado por Deus ao descanso. Jesus, então, responde: "Hipócritas, não desprende cada um de vós, no sábado, o boi ou o jumento da manjedoura para levá-lo a beber?" (Lucas 13, 10-17). Nesse caso, a crítica de Jesus dirige-se à ausência de autenticidade na adesão às normas. Trata-se de agir em conformidade não com prescrições formais da tradição – ainda que baseadas no texto sagrado –, mas com o espírito do mandamento divino, que, por ser imparcial e universal, é puro e autêntico. O mandamento "ame o próximo" deve valer em todas as circunstâncias, inclusive no dia consagrado ao repouso. Um provérbio popular resume bem essa concepção: "Deus paga – isto é, julga – todos os dias da semana, inclusive naquele que lhe é dedicado".

O primeiro significado contém o apelo a uma única e absoluta fonte de autoridade – a norma suprema – sem, contudo, equivaler a um chamado à indiferença quanto aos efeitos das próprias ações. Trata-se, antes, de um convite para não praticar o bem de forma meramente formalista, mas para *interpretar corretamente* as consequências dos próprios atos, unindo, na motivação da ação, fé e razão. Isso implica que fundamento e finalidade devem coincidir na intenção do agente. Jesus prega, simultaneamente, contra o formalismo e em favor da atenção aos efeitos virtuosos das ações. Dessa forma, deixa aberta a possibilidade de agir com a intenção de receber recompensa ou reconhecimento – ou seja, o fazer útil –, como observou John Stuart Mill ao argumentar que a moral da utilidade não se opõe à moral cristã, tampouco se confunde com imoralismo ou com prudência somente estratégica. Ainda assim, a precisão feita por Jesus também pode ser interpretada em sentido não utilitarista: Deus, evidentemente, conhece de antemão as intenções que movem cada ação, sejam boas ou más; nada Lhe escapa, nada pode ser encoberto. Assim, uma ação que, exteriormente, parecesse orientada por um cálculo de utilidade, pode, à luz de sua origem interior, revelar-se voltada ao bem supremo, e, portanto, necessária.

Recentemente, o papa Francisco reiterou a rejeição de uma leitura utilitarista da mensagem de Jesus ao afirmar que "um verdadeiro cristão não pode ser hipócrita, e um hipócrita não é um verdadeiro cristão", pois o verdadeiro cristão "não possui duas caras". Citando o Evangelho de Marcos (12, 13-17), o pontífice voltou-se contra aqueles "fariseus e herodianos" que procuraram armar uma cilada para Jesus.[5] Deus fala diretamente

5 Papa Francisco, L'ipocrita è sempre adulatore (meditazione mattutina nella Cappella della Domus Sanctae Marthae), *L'Osservatore Romano*.

ao nosso coração e, por essa razão, não pode haver dúvida de que nosso íntimo é capaz de reconhecer Sua palavra, sem confundi-la com a do tentador (Satanás). Immanuel Kant traduziu essa exigência de sinceridade interior ao sustentar que, quando agimos por senso de dever, temos a certeza – dentro de nós – de que estamos agindo de forma correta. A ação moral, nesse sentido, é necessária e determinada, tal como uma flecha que, uma vez lançada, segue inevitavelmente sua trajetória rumo ao alvo. Essa certeza íntima dispensa qualquer outra prova; a consciência reta basta. Trata-se, assim, de um sinal irrefutável de que Deus não nos engana – como escreveu Descartes –, isto é, de que Ele não ordena o mundo de maneira a induzir-nos ao erro ou à tentação. Essa interpretação misericordiosa de Deus permite, inclusive, compreender de forma mais clara os dois sentidos anteriores da crítica evangélica à hipocrisia: ela representa simultaneamente um apelo à autenticidade da ação em relação à intenção e à coerência objetiva (selada por Deus) entre a intenção e os princípios verdadeiros. Em síntese, trata-se de um chamado à integração plena entre o interior e o exterior da ação.

O segundo significado proposto pelo Evangelho enfatiza, precisamente, a rejeição do dualismo entre intenção e ação, e, por conseguinte, compreende a ação não hipócrita como expressão de autenticidade: é necessário agir com pureza de mente, não com objetivo de impressionar aqueles que nos observam. O *interior* e o *exterior* devem coincidir. Aquilo que habita o coração deve encontrar correspondência nas palavras. Em outros termos, não deve haver dissociação entre o eu íntimo e o eu público. A norma da moral cristã possui validade universal e, nesse horizonte, a autenticidade se constitui como princípio normativo igualmente universal.

O terceiro significado, por sua vez, representa a exigência de coerência substancial e a recusa do formalismo. Lutero se deteve exatamente sobre esse ponto ao acusar tanto os judeus quanto os católicos de não terem superado a exterioridade e de permanecerem submetidos à heteronomia: seriam servos, não da liberdade cristã – entendida como responsabilidade moral orientada pela fé –, mas de mandamentos externos, como se buscassem transferir a terceiros a responsabilidade de suas próprias ações. Os judeus, segundo Lutero, encontravam-se espiritualmente mortos em razão de seu apego formalista à autoridade do texto e da tradição; os católicos, por sua vez, seriam apenas semivivos, em virtude de sua sujeição a uma autoridade que se sobrepunha à consciência individual, representada pelo papa e pelo clero.

4. Identidade e conformismo

Da fenomenologia clássica e cristã, depreende-se que a hipocrisia é inerente à ação humana – tanto ao falar quanto ao raciocinar –, uma vez que ambas comportam, inevitavelmente, uma dimensão performativa: dizer e agir diante de alguém cujo julgamento se teme ou se valoriza; dizer e agir para suscitar uma reação, instaurar um diálogo, gerar adesão e induzir uma crença. O palco está sempre incluído no ato de falar. Trata-se, portanto, de decidir se esse palco está voltado para Deus ou para o mundo. É justamente por isso que os casos paradigmáticos de hipocrisia são aqueles que envolvem simulação, cálculo, o "fingir que". A hipocrisia, enquanto mentira, apresenta-se aqui, nas palavras de Tomás de Aquino, como "mentira proferida por meio dos sinais exteriores das ações", ou seja, uma meia mentira, na medida em que é o exterior da ação (aquilo que se faz) que define a norma e, por conseguinte, aquilo que efetivamente conta. O efeito da ação hipócrita é devastador: como se lê no *Discurso sobre a origem e os fundamentos da desigualdade entre os homens*, de Rousseau, acostumados a agir em função do reconhecimento alheio, acabamos por perder contato com aquilo que somos, reduzindo-nos à mera imagem de nós mesmos refletida pelos outros. A hipocrisia, portanto, não é apenas ambiguidade, é também perda de identidade. O conformismo, por sua vez, gera uma nova identidade. Termos como "estranhamento", "alienação" e "objetificação" têm sua origem na análise crítica da sociedade civil como espaço produtor e nutridor de hipocrisia.

Retornando ao cristianismo, parece possível afirmar que nele não há espaço para a separação entre os diferentes âmbitos da vida, sobretudo porque não se reconhece o dualismo entre os elementos interior e exterior da ação. No Evangelho, admite-se que tal separação possa, em certas circunstâncias, ser oportuna e eficaz – como no célebre ensinamento de "dar a César o que é de César" –, mas somente sob a condição de que essa relação se organize hierarquicamente. Aqueles que, mais tarde, teorizaram a separação em termos horizontais, isto é, sem a imposição de uma hierarquia moral ou teológica, abriram caminho para a possibilidade de uma reabilitação parcial da hipocrisia, libertando-a, ao menos em parte, de uma condenação moral absoluta. Trata-se, nesse caso, de considerar os momentos nos quais está em jogo o comportamento em público não com base em um juízo de verdade, mas segundo critérios de oportunidade e adequação ao contexto.

No dualismo cristão, a hipocrisia pode operar como meio para fazer emergir, de forma explosiva, a tensão entre sagrado e profano, desempenhando a função de instigar a resistência às regras do mundo social. Nesse enquadramento, virtudes consideradas menores – como a modéstia – encontram sua justificação e sua medida adequada. A luta entre mundano e divino se estabelece, sobretudo, no plano moral, como confronto entre duas ordens de autoridade. Quando a opinião dos outros – sejam concidadãos ou vizinhos – perde relevância diante da sinceridade da fé, a mente se emancipa das convenções sociais e deixa de buscar o consenso da coletividade ou a conformidade às suas normas. Nesse momento, a dimensão da intencionalidade (a pureza de coração) adquire primazia sobre a virtude performativa. A opinião alheia torna-se, assim, secundária – às vezes desqualificada, outras vezes abertamente desprezada –, como ocorre no martírio, forma extrema de dissociação em relação ao mundo e às suas regras, na qual o bem da comunicação cede lugar ao bem superior da coerência. Importa observar, contudo, que o martírio também pode assumir formas laicas e simbólicas: o liberalismo do século XIX foi especialmente pródigo em elaborar profecias sobre os mártires do livre pensamento em confronto com o poder clerical.

Para aqueles que atribuem mais valor à autenticidade da ação do que à reputação, a hipocrisia constitui um pecado muito grave. O cristianismo exerceu papel decisivo ao deslocar o foco da ação – da avaliação de sua conveniência ou conformidade com as normas da cidade (a ação como atuação) – para a pureza de coração do agente, condenando a hipocrisia não apenas como comportamento reprovável, mas como vício da alma. Mesmo a reinterpretação posterior da hipocrisia como vício a serviço da virtude – sustentada, por exemplo, pelos moralistas do século XVII – não foi suficiente para redimi-la. Ao contrário, tal concepção pesaria contra a própria sociedade, que, ao exigir condescendência de seus membros, acabaria por corromper – como observou Rousseau – a inocência originária.

Compreende-se, assim, como o percurso de dissociação entre moral individual e moral cívica, ou, de forma ainda mais radical, entre vida íntima e vida social, nos reconduz a uma cultura ética e estética que se reconecta à tradição clássica e permite, com isso, um resgate parcial da hipocrisia. Trata-se, no entanto, de um resgate que transforma sua função e sua natureza.

5. Dimensão dual

A hipocrisia dos modernos emerge de um processo gradual de *separação*: entre o indivíduo e o cidadão; entre a pessoa que atua no espaço privado e aquela que age em uma esfera externa ao íntimo e ao familiar. A relação com o mundo clássico passa a ser mediada por um sistema de valores profundamente impregnado pelo cristianismo. Nesse novo horizonte, moldado pela religião da salvação, a virtude clássica é transfigurada: perde o vínculo privilegiado com o raciocínio prudencial que, como vimos, permitia à hipocrisia, no pensamento dos antigos, uma conotação não necessariamente imoral.

Na cidade antiga, ações como dialogar no e com o espaço público, ou mesmo empenhar-se cuidadosamente em interpretar com propriedade o próprio papel, inspiravam formas de pensamento e conduta desprovidas de finalidades transcendentes. Contudo, na sociedade moldada pela verdade monoteísta e pelo dualismo hierárquico entre alma e corpo, a vida mundana só pode emancipar-se de sua culpa originária se concebida como escola de expiação do pecado da vaidade; ainda que essa expiação jamais possa ser plenamente alcançada neste mundo, onde as exigências materiais da existência moldam a agenda de grande parte de nossas ações, com consequências inevitáveis para a pureza das intenções. A hipocrisia torna-se, assim, sinal de uma humanidade imperfeita, da necessidade de elaborar estratégias de convivência diante do medo da morte e da busca por viver com os outros sem sucumbir a esse temor. Ela é, em última análise, expressão de nossa vulnerabilidade constitutiva.

Nessa dimensão dual, a virtude moral adquire significado distinto daquele que possuía na Antiguidade. Com a ética cristã, a hipocrisia passa a configurar-se como vício que revela, antes de tudo, a limitação constitutiva da condição humana. Nesse cenário, viver segundo a lógica do mundo equivale a aceitar – e, em certa medida, ratificar – essa limitação. Ainda que não se possa redimir inteiramente a hipocrisia, é possível atribuir-lhe um papel tolerável: o de indício de nossa imperfeição, espécie de muleta moral que sustenta uma existência que permanece aquém da autêntica libertação do pecado.

A hipocrisia torna-se, assim, sinal daquilo que os seres humanos não conseguem plenamente realizar nesta terra: viver como sujeitos unificados sob uma única e absoluta dimensão, a da santidade e da coerência perfeita entre coração e palavra, entre pensamento e ação. Na modernidade cristã, a hipocrisia será julgada – e de forma cada vez mais incisiva – à luz do serviço que pode prestar a uma vida virtuosa em uma sociedade que exige das pessoas o cuidado com sua própria subsistência, tanto material quanto simbólica. Compreendida enquanto expressão de fragilidade – e menos como sinal de maldade –, a hipocrisia converte-se, posteriormente, em serva de uma vida social na qual a própria virtude se reveste de um caráter mundano, seja sob a forma do decoro, seja como atenção à boa convivência. Uma função servil que, justamente por isso, evidencia sua natureza imperfeita.

Foram Maquiavel, Montaigne, La Rochefoucauld, Hume e Mandeville que ofereceram os referenciais decisivos para romper com a totalidade da moral cristã e, assim, delimitar espaços de ação orientados por lógicas e critérios de julgamento autônomos em relação à salvação da alma: na política, nas relações sociais, na economia. Isaiah Berlin descreveu esse longo processo como uma corrente subterrânea à tradição cristã, que preservou vivo o politeísmo dos valores e, com isso, abriu uma brecha teórica fundamental para o pluralismo e para a tolerância. Esses autores não revogaram a condenação da hipocrisia, mas a circunscreveram sem a repudiar. Para tanto, adotaram uma estratégia de contenção, o que, do ponto de vista cristão, poderia configurar uma forma de blasfêmia, pois implicaria um exercício soberano e autônomo da razão, capaz de definir os limites do bem e do justo independentemente de sua origem transcendente. Essa estratégia, porém, permitiu a recuperação parcial da hipocrisia, desde que confinada a âmbitos específicos, determinados e limitados.

Não se pode afirmar com segurança quem criou quem: se a nova concepção de hipocrisia moldou a modernidade, ou se foi a modernidade que forneceu à hipocrisia novas funções. É possível afirmar, contudo, que, a partir dos séculos XVI e XVII, a hipocrisia começou a recuperar um lugar legítimo no pensamento ético-político. Esse movimento ganhou força à medida que se consolidava a prática da divisão dos âmbitos da vida, cada qual com seus próprios critérios de avaliação: a política, voltada à estabilidade e/ou à liberdade; a economia, orientada pela geração de riqueza e bem-estar; a vida social, informada pelas exigências da convivência e pelos costumes. Evitar a sobreposição entre esses domínios passou a ser essencial, assim como resistir a toda forma de totalização, seja política, econômica ou moral. É precisamente nessa arte da separação que se inscreve a hipocrisia dos modernos.

6. A história moderna

A história moderna da hipocrisia entrelaça-se com a trajetória da sociedade liberal e com o processo de teorização e conquista dos direitos civis. A Modernidade, concebida como arte da separação, implica o reconhecimento da autonomia relativa das diversas esferas: política e civil, moral subjetiva e ética pública. É nesse contexto que se inscreve o discurso sobre a hipocrisia que aqui nos interessa e que merece uma análise detida.

A identificação da moral subjetiva como condição para uma vida boa e santa permanece inalterada: a hipocrisia continua a ser estigmatizada, alvo de repúdio ainda mais incisivo do que aquele dirigido à manipulação, justamente por se vincular a uma intenção situada em um plano intermediário entre o bem e o mal. É nesse espaço ambíguo das ações, nem inteiramente virtuosas, nem propriamente viciosas – ações apenas decentes ou apenas justas –, que a hipocrisia se insinua. E é aí que se renova, também, a aversão radical dos cristãos, agora intensificada pelo processo de secularização, tanto em tempos passados quanto no presente.

A hipocrisia constitui uma imitação do bem e do justo sem, no entanto, ser de fato uma coisa ou outra, embora tampouco se identifique integralmente com o mal ou com a injustiça. Trata-se de uma aparência orientada à conquista da benevolência e da boa acolhida. É uma ação atravessada por intencionalidade oculta, sobre a qual não se pode afirmar nada com segurança, sendo possível apenas formular hipóteses: a intenção do agente permanece *subjacente* e, por isso, inapreensível. O *sob* volta a ser, aqui, o espaço investigado para se tentar desvendar o artifício do hipócrita, mas com um desfecho distinto daquele que conduz à simples condenação. No século XVIII, esse *sob* adquire estatuto de uma lógica imanente das coisas: uma racionalização das relações entre interesses e paixões da qual os indivíduos se tornam cooperadores responsáveis, ainda que não detenham controle pleno sobre o processo. Assim, embora a ambiguidade que caracteriza a hipocrisia continue a suscitar desconfiança – por mobilizar um pensamento duplo –, é precisamente por situar-se nesse entrelugar que a ação hipócrita permite ao indivíduo dirigir-se também a si mesmo, e não apenas aos outros, ou seja, não apenas àqueles cuja aprovação busca para sentir-se em paz consigo. A hipocrisia torna-se, então, escola de cortesia ou de *civility*, e, ao mesmo tempo, véu que protege a intimidade do olhar inquisidor dos demais. Pode-se afirmar, portanto, que ela pode estar a serviço da autenticidade.

No âmbito político, a revalorização do interesse pela hipocrisia coincide com o fortalecimento dos Estados territoriais e com a intensificação das relações "pacíficas" entre eles. A partir da Paz de Vestfália (1648), os Estados se veem compelidos a reconhecer uns aos outros como iguais, comprometendo-se a respeitar suas respectivas fronteiras e soberanias. Nesse contexto, consolida-se a arte da diplomacia, entendida como ficção hipócrita institucionalizada, praticada segundo métodos codificados e amplamente reconhecidos. A diferença entre essa arte e a das boas maneiras reside no fato de que, na diplomacia, não se simula aquilo que seria desejável em termos morais universais, o que está em jogo é o conhecimento de todos os envolvidos e aceito como parte do jogo político. O *sob* da ação diplomática é precisamente o bem do Estado representado pelo diplomata, uma estrutura de interesse que todos os demais agentes também compartilham e compreendem. Trata-se, portanto, de uma regra tácita, mas amplamente legitimada, segundo a qual cada diplomata adota os comportamentos que melhor sirvam aos interesses de seu soberano.

Nesse contexto, o comportamento do diplomata torna-se formalizado, regido por códigos compartilhados por todos aqueles que exercem essa função. Trata-se, portanto, de uma encenação consciente e plenamente assumida, na qual os atores conhecem o bem ao qual devem subordinar seu serviço e, por isso, podem exercer certa latitude interpretativa para melhor cumprir sua missão representativa. O surgimento da sociedade civil e da *civility* – entendida aqui como urbanidade, ou seja, como conjunto de normas que regulam as relações de decência entre pessoas que não se conhecem – pode ser interpretado como uma adaptação da prática e do estilo diplomático ao plano das relações interpessoais. Não por acaso, é comum dizer que uma pessoa sensível ao contexto é "diplomática". Nessa transposição, o bem próprio ocupa o lugar do bem do Estado, e nós passamos a desempenhar, na vida cotidiana, o papel outrora reservado ao diplomata profissional. No novo quadro de urbanidade, aquilo que, na esfera religiosa, era considerado virtude – o ideal de autenticidade radical – transforma-se em vício, pois pode conduzir à transgressão das normas de decência e à intolerância. A lógica da urbanidade, por sua vez, exige respeito simultâneo a três bens fundamentais: à sociabilidade, ao próximo e à nossa interioridade.

II
Pluralismo e tolerância

A transformação da hipocrisia, de pecado em vício funcional à convivência civil, desenvolveu-se em paralelo ao avanço do pluralismo de fato e à consolidação da prática da tolerância. Nesse processo, a hipocrisia moderna se distanciou progressivamente da mentira e da manipulação. A forma de hipocrisia a que me refiro – e que denomino "moderna" – não opera no domínio da verdade e, tampouco, é julgada a partir dela. Ao contrário, insere-se na vida prática, no plano das relações interpessoais, orientando-se por um objetivo que poderíamos caracterizar como "egoísmo bem compreendido": uma combinação de avaliações de conveniência, prudência e respeito às exigências da convivência social.

1. Quando surge a hipocrisia moderna?

A hipocrisia dos modernos floresce com o advento da liberdade individual e a consolidação da sociedade civil. Para elucidar seu significado, é necessário distingui-la da leitura cristã tradicional, o que exige retorno ao período em que essa forma de hipocrisia começou a emergir, ainda de modo tímido, marcado, sobretudo, pelo declínio da concórdia cristã e de seu imaginário fundacional. É desse declínio que se originam o pluralismo religioso, a tolerância e, principalmente, a afirmação de uma nova forma de concórdia (laica, ancorada no constitucionalismo e na proteção dos direitos fundamentais). Tal processo se desenrolou ao longo de, pelo menos, três séculos – do século XVI ao XIX –, sem que, contudo, se tenha consumado de forma definitiva. Como nos mostram as experiências do presente, mesmo no novo milênio assistimos à revalorização do nacionalismo étnico e à crescente desconfiança diante do pluralismo e da própria tolerância.

No século do individualismo – o século XIX –, a hipocrisia retoma práticas já refinadas pelas aristocracias urbanas da época humanista e pelas relações cordiais que marcavam o *éthos* social. No interior da sociedade burguesa, ela adquire função dupla: de um lado, facilita as relações públicas ao modular os modos de convivência entre estranhos; de outro, protege o indivíduo dessas mesmas relações, resguardando sua interioridade. À medida que sua funcionalidade social se consolida, cresce sua importância como barreira contra a ingerência do olhar público. Esse duplo papel da hipocrisia – como escudo da vida privada e como instrumento de mediação social – representa o traço novo que a sociedade civil põe em movimento. Antes de explorar esse fenômeno nos capítulos seguintes, é necessário reconstruir o processo de sua gênese, encerrando a reflexão sobre a condenação cristã da hipocrisia e o fortalecimento concomitante da esfera pública e do valor atribuído ao bem-estar individual. Trata-se, portanto, de seguir brevemente o percurso subterrâneo trilhado pelo pecado da hipocrisia –

desde a ruptura da concórdia cristã com a Reforma protestante até sua transformação em vício funcional –, colocado a serviço da virtude. É nesse deslocamento que a prática da tolerância encontra raízes: a princípio, concebida como um mal menor e transitório, afirma-se, aos poucos, como *modus vivendi*, uma estratégia de conduta. A tolerância emergiu gradualmente, acompanhando o pluralismo crescente no interior do próprio cristianismo. E é nesse esforço de pacificação que se insere a expansão da sociedade civil, concebida como espaço de intercâmbio livre entre pessoas, ideias e bens, e como o cenário no qual a hipocrisia se seculariza e encontra uma nova legitimação.[1]

2. A antiga concórdia

Para compreender a ruptura da concórdia cristã, é necessário partir da própria concepção de concórdia que a sustentava, remontando, assim, ao pensamento de Cícero, mestre incontestável dos teólogos humanistas que, a partir da segunda metade do século XVI, se engajaram nos concílios e nos diálogos entre católicos e protestantes com o objetivo de restaurar a unidade abalada pela desobediência de Lutero. Essa desobediência foi simbolicamente marcada pela afixação das 95 teses contra o poder papal na porta da igreja de Todos os Santos, no castelo de Wittenberg, em 31 de outubro de 1517.

Cícero concebe a *civitas*, ou *res publica*, como um "espírito de concórdia e gostos", não como uma simples partilha de objeti-

---

1 Turchetti, *Concordia o tolleranza?* Pergunta que ocupa um capítulo inteiro no artigo Urbinati, Half-Toleration: Concordia and the Limits of Dialogue. In: Stepan; Taylor, *Borders of Toleration*.

vos genéricos. Trata-se, portanto, de uma *caritas* que unifica as partes sem exigir a homogeneidade de interesses entre todos os cidadãos, tampouco reduzindo a república a um mero sistema formal de regras no qual indivíduos em competição ajustam suas preferências por meio de compromissos. Para Cícero, a cidadania não requer igualdade entre os sujeitos; ao contrário, ele considera a desigualdade de *status* um elemento constitutivo da república, desde que tal diversidade não se converta em princípio de igualdade social, pois, nesse caso, tenderia a gerar inveja, e não emulação cívica, na busca por honrarias e reconhecimento. O diálogo entre cidadãos – *concordia discors* – pressupunha, assim, um dissenso controlado. Por isso, Cícero via com reservas a atuação dos irmãos Graco, cuja proposta de reforma agrária – isto é, de redistribuição de terras aos mais pobres – deslocava a lógica da *civitas* para uma base de igualdade social, incitando na plebe um "desejo ilimitado" de posse. O conflito de classes que daí decorreu rompeu o tecido da comunidade política ao opor cidadãos entre si. Dessa forma, a credibilidade da virtude republicana foi abalada, uma vez que seus fundamentos residiam na proteção da propriedade privada, na preservação das diferenças de *status* e nos valores cívicos da coesão. Mais aparência do que essência, a virtude republicana combinava prudência e equidade, orientando condutas discretas e moderadas. A concórdia, nesse horizonte, *exprimia* uma unidade ética entre cidadãos tratados com justiça, independentemente de seu *status*. A *concordia animi* passou a sintetizar o apelo à unidade republicana justamente quando esta já se encontrava em declínio.

Para Cícero, o ponto mais delicado residia no pluralismo e, por consequência, nos limites da tolerância, tanto no campo das verdades filosóficas quanto nas esferas política e civil. Esse mesmo dilema viria a marcar profundamente a Europa moderna a partir da Reforma protestante, ainda que, nesse novo contexto, a questão da verdade adquirisse caráter eminentemente religioso. Na Europa cristã, a concórdia já não se baseava em um fundamento epistemológico (relativo à busca da verdade), nem político-ético (relativo à coesão da comunidade), mas sim em um fundamento dogmático, que exigia adesão a uma verdade revelada e indiscutível.

3. A tolerância antes da tolerância liberal

Antes do advento da tolerância liberal – sistematizada por John Locke em *Carta sobre a tolerância* (1689) –, a tolerância designava, sobretudo, um problema prático de convivência e, como tal, era sintoma da crise da unidade cristã.[2] Na tentativa de superar as divisões emergentes, os humanistas do século XVI recorreram ao preceito ciceroniano de combate às facções. Para Erasmo de Roterdã, o conflito entre cristãos configurava um verdadeiro "fratricídio", uma guerra civil análoga à que dilacerara a república romana, promovida por pensadores e ativistas que semeavam ódio e hostilidade no seio da comunidade. Após o cisma deflagrado por Lutero, tornava-se imperativo finalizar os desacordos doutrinários e sediciosos, a fim de restaurar a paz por meio da "unidade espiritual". Nesse contexto, a tolerância entre cristãos era concebida, no máximo, como a "escolha do mal menor", gesto de benevolência restrito aos

2 Turchetti, Religious Concord and Political Tolerance in Sixteenth and Seventeenth-Century France, *Sixteenth Century Journal*, p.18-9.

semelhantes na fé. Com esse espírito, realizaram-se diversos concílios destinados a dirimir as divisões por meio do diálogo, destacando-se, entre eles, o Colóquio de Poissy, que será mencionado mais adiante como exemplo paradigmático da filosofia da concórdia e de seus limites.

Como se vê, a tolerância anterior à liberal não se propunha a separar os âmbitos da vida, como ocorria na posterior distinção entre esferas civil e religiosa. O objetivo, antes, era transformar o debate teológico em um instrumento de reconciliação tanto religiosa quanto civil. A verdade teológica funcionava como uma gramática comum, e partia-se da premissa de que os desacordos recaíam sobre aspectos "não fundamentais" da fé.

4. Desacordo ou divórcio?

Cícero dedicou-se aos desacordos internos das escolas filosóficas e entre filósofos, jamais às controvérsias teológicas nem às disputas entre teólogos. Essa distinção é fundamental e, por contraste, evidencia a afinidade entre hipocrisia e tolerância: ambas se mostram inviáveis no contexto das relações entre detentores de verdades absolutas. Nessa perspectiva, a hipocrisia posiciona-se ao lado da tolerância como princípio de convivência, reconhecendo que o pluralismo de valores ou crenças não deve ser tratado como um mal menor ou um momento transitório.

Cícero sustentava que, diante da impossibilidade de se alcançar um acordo, o participante de um diálogo filosófico (*sermo*) poderia, livremente, seguir o próprio julgamento, desde que sua escola filosófica não lhe oferecesse uma orientação segura para resolver o dissenso. Por certo, Cícero não advogava a liberdade irrestrita para adotar ou tolerar qualquer opinião; antes, propunha uma distinção fundamental entre *verdade* e *probabilidade*, distinção que lhe permitia delimitar os contornos da tolerância com base numa adesão *ex ante* aos princípios da razoabilidade humana. Já no plano da discussão política ou pública, as bases inquestionáveis eram, como vimos, as virtudes cívicas da *concórdia republicana*. Em síntese, verdade e unidade política pertenciam a esferas distintas: no domínio da primeira, vigoravam as regras do diálogo filosófico; no da segunda, predominavam as normas da retórica. Estas últimas, orientadas pelo *decoro*, estavam ligadas à ação performativa, à hipocrisia precisamente: o orador deveria considerar o perfil do auditório e abster-se de aplicar um padrão de verdade em questões que exigiam persuasão retórica. Desse modo, Cícero reconhecia a existência de duas formas de discurso: (1) a *retórica*, própria de ambientes de contestação – como os tribunais ou as assembleias políticas –, nos quais decisões precisam ser tomadas em tempo determinado e não requerem unanimidade; (2) a *conversação filosófica* (*sermo*), que pode se estender indefinidamente, orientando-se pelo ideal de consenso. A oratória judiciária e deliberativa apoia-se na persuasão estratégica e culmina, se necessário, em decisões por maioria. A busca da verdade, ao contrário, rejeita tanto a lógica da maioria quanto os expedientes da retórica. Os espaços da oratória são as plateias, enquanto os do diálogo são os pequenos simpósios.

5. Diálogo e oratória

Chegamos, assim, aos colóquios promovidos pelos humanistas cristãos na segunda metade do século XVI, cujo propósito era restaurar a concórdia religiosa. Para esses pensadores, os teólogos, reunidos em pequenos simpósios, deveriam adotar a prática do *sermo* em lugar da retórica, ou seja, engajar-se em discussões francas, desprovidas de emotividade e livres da lógica da competição argumentativa. Dado o objetivo de alcançar um consenso pleno, as divergências não eram descartadas, mas admitidas apenas quando não incidissem sobre os chamados "fundamentos da fé".[3]

Ao distinguir entre o diálogo filosófico e a oratória, Cícero havia traçado uma linha divisória entre aquilo que era "fundamental" – e, portanto, inegociável – e o que podia ser considerado acessório e, por isso, passível de tolerância. No entanto, ao ser transposta ao domínio dos dogmas religiosos, essa distinção revelou-se ineficaz. A tentativa de organizar o diálogo teológico com base numa separação prévia entre elementos "fundamentais" e "não fundamentais" acabou por acentuar as divergências entre os teólogos, uma vez que a definição do que era ou não essencial à fé escapava à deliberação racional. No campo dos "fundamentos", partia-se da premissa de que o acordo deveria ser absoluto e indiscutível; tais pressupostos dogmáticos eram, assim, subtraídos ao debate, não podendo ser objeto nem de probabilidade, nem de tolerância. Apenas no tocante aos pontos tidos como secundários, o desacordo era admitido e a busca por consenso se tornava possível; nesse espaço, e somente nesse, a tolerância poderia operar. Em suma, os humanistas cristãos tentaram tratar as disputas teológicas à semelhança das controvérsias filosóficas.

---

3 Remer, *Humanism and the Rhetoric of Toleration*; Nederman, *Worlds of Difference*.

6. Centauros e quimeras

A justificação moral da tolerância, no interior do ideal dialógico ciceroniano, exigia esforço contínuo de "ratificações, subtrações, acréscimos e acomodações" com o objetivo de superar, a médio prazo, a própria necessidade da tolerância e, com isso, dispensar o reconhecimento do pluralismo. No universo de Cícero, o ceticismo moderado e o probabilismo permitiam vislumbrar formas possíveis de síntese ou de sincretismo. Contudo, quando transposto ao campo da religião, esse método produzia efeitos potencialmente devastadores. Erasmo de Roterdã, por exemplo, foi bastante severo ao julgar tentativas de conciliação que recorressem a oxímoros ou ao hibridismo conceitual. A metáfora dos monstros mitológicos – como Centauro, Quíron e Quimera – expressava, para ele, a rejeição dessas fusões artificiais: tratava-se de imagens negativas, representações do sujeito inconstante e volúvel, em oposição ao ideal virtuoso daquele que vive segundo a ética da autenticidade e da coerência, e não da acomodação ou da probabilidade.

A tentativa dos humanistas cristãos de aplicar o método do *sermo* ciceroniano em vez do diálogo teológico revelou-se, em pouco tempo, um dos principais obstáculos à continuidade dos colóquios entre teólogos católicos e protestantes. A razão profunda desse impasse foi enunciada com clareza numa fórmula incisiva: "Esta é a diferença entre a busca de uma pessoa de fé e a de um filósofo: a pessoa de fé busca aquilo que já encontrou; o filósofo jamais encontra sequer aquilo que procura intensamente".[4]

4 Bobbio, Verità e libertà. In: *Elogio della mitezza e altri scritti morali*, p.61.

Quando o método do *sermo* foi incorporado aos colóquios de reconciliação, aquilo que, à primeira vista, parecia elemento secundário – os chamados "não fundamentais da fé" – revelou-se decisivo para o fracasso do diálogo. No Colóquio de Poissy (setembro de 1561), promovido sob os auspícios da regente Catarina de Médici e do chanceler Michel de l'Hôpital, tornou-se imediatamente evidente que, ao contrário do ideal de concórdia filosófica almejado por seus organizadores, a concórdia religiosa não poderia se sustentar sobre um acordo mínimo que permitisse a continuidade do debate, tampouco sobre a aceitação da "probabilidade" enquanto critério de verdade. Com efeito, quanto mais o diálogo avançava, mais se tornava claro que a distinção entre "fundamentos" e "não fundamentos" da fé era insustentável; na prática, tudo era fundamental.[5]

O paradoxo mostrou-se intransponível por uma razão crucial, diretamente relacionada ao problema do pluralismo: colocar entre parênteses o dissenso acerca dos "fundamentos" da fé equivaleria a anular as diferenças e a restaurar a concórdia anterior à Reforma. No entanto, para que o colóquio tivesse alguma possibilidade de prosseguir e alcançar um resultado positivo, seria necessário que seu objetivo não fosse o retorno à unidade perdida, mas sim a construção de um acordo mínimo entre diferentes; em outras palavras, o reconhecimento da tolerância não apenas como expediente contingente, mas como valor em si, ou seja, a aceitação do fim da unidade cristã.

Ao aplicarem as regras do diálogo ciceroniano às disputas teológicas, os humanistas cristãos transformaram os próprios

---

5 Turchetti, *Concordia o tolleranza?*, p.410-1. Sobre o Colóquio de Poissy, ver Nugent, *Ecumenism in the Age of the Reformation*.

termos do diálogo. Com efeito, enquanto Cícero havia delimitado o *sermo* como forma de conversação filosófica, distinta da retórica, precisamente por se fundar na aceitação de uma premissa mínima de racionalidade compartilhada como condição de investigação livre, os humanistas, ao identificarem os dogmas religiosos – sobretudo o da Eucaristia – como "fundamentos" indiscutíveis (quando, na verdade, eram o núcleo do dissenso), traíram o espírito do *sermo* e foram compelidos a refugiar-se na *retórica*.

Nesse contexto, as partes foram compelidas a buscar um *compromisso* e, em última instância, a se contar; o desfecho foi fatal para a paz, pois encerrar o diálogo com base na contagem de maiorias e minorias numéricas significava ingressar na lógica dos vencedores e vencidos, isto é, no predomínio de uma parte sobre a outra. O resultado foi que, enquanto os fundamentos da razão, em Cícero, não podiam ser objeto de tolerância – uma vez que isso implicaria admitir o erro como aceitável –, os humanistas cristãos, se desejassem manter vivo o diálogo, deveriam, paradoxalmente, tolerar justamente suas diferentes "verdades", dado que não podiam fundamentar-se apenas na razão.

A questão deslocava-se, assim, para o plano político e prático: tratava-se de buscar não mais o consenso, mas sim a convivência prudente entre diferentes. Afinal, se o acordo sobre os fundamentos fosse realmente alcançado, as diversas confissões cristãs acabariam por se dissolver em uma única religião; desfecho que os teólogos, de ambas as partes, rejeitavam, por implicar ou uma nova hegemonia da Igreja romana, ou uma adesão racionalista à verdade, com a consequente negação da transcendência.

7. Prudência e acomodamento

Quando se estabeleceu a distinção entre o diálogo filosófico e o diálogo religioso, o reconhecimento de que a concórdia cristã já não poderia mais ser restaurada produziu efeitos devastadores. Os participantes dos concílios compreenderam que o objetivo do acordo não era mais o de superar as divisões existentes. Para que fosse possível viver em paz em um mesmo território, as posições conflitantes precisariam buscar um compromisso, uma trégua, um tratado, ou, ao menos, um armistício; a proximidade impunha essa necessidade.

A concórdia rompida abriu, assim, espaço à prudência realista das autoridades seculares, encarregadas de governar o pluralismo religioso em tensão, com frequência, com os representantes das diversas confissões. Desse modo, enquanto o pluralismo continuava a ser combatido no plano doutrinário, era a prudência – principalmente no âmbito da jurisprudência e da administração local – que assumia papel decisivo, convertendo-se em *modus vivendi* e em prática de *civility*. Em várias ocasiões, o poder imperial delegou aos magistrados civis a responsabilidade pela aplicação local de suas decisões. Na França, tal prerrogativa traduziu-se, na prática, em medidas moderadas e sensatas, chegando, inclusive, a admitir a presença de cultos não católicos em regiões majoritariamente católicas.[6]

A prática da "prudência" refletia, ainda, a efetiva "fluidez" social e religiosa daquele período, evidenciada por um fenômeno tão interessante quanto recorrente: as conversões

---

6 Lecler, Les origins et le sens de la formule: *cujus regio, ejus religio*, *Recherches de Science Religieuse*.

e mudanças de confissão, tanto de católicos quanto de protestantes, resultavam ora de uma sincera renovação espiritual, ora da dificuldade objetiva enfrentada pelos fiéis em obter um conhecimento seguro acerca das novas confissões cristãs e de suas especificidades doutrinárias. Essa fluidez se articulava a outro traço característico da fase inicial da Reforma: a busca por uma concórdia filosófica, expressa no chamado nicodemismo. Com o intuito declarado de promover a reconciliação entre as teologias cristãs, alguns ecumênicos radicais passaram a adotar uma "simulação religiosa programada", uma estratégia que, a curto prazo, se converteria em projeto filosófico de humanismo radical, com frequência em detrimento da reconciliação propriamente dita. Nesse cenário, os reformadores revelavam crescente inquietação diante da infiltração entre seus próprios correligionários, de libertinos e racionalistas, cujas investigações filosóficas dos textos sagrados eram percebidas como ameaças à integridade da fé (ainda que justificadas, muitas vezes, em nome de princípios como o universalismo e a concórdia).[7]

O humanismo laico e o humanismo cristão confrontaram-se, portanto, no terreno da concórdia: o primeiro alicerçado numa perspectiva imanentista e panteísta; o segundo estruturado sobre uma concepção transcendente da verdade e da ordem. Esse embate desempenhou papel decisivo na formação do caráter da Europa moderna. Por essa razão, torna-se indispensável compreendê-lo se quisermos elucidar as complexas relações entre pluralismo, tolerância e hipocrisia. Os cristãos

7 Ginzburg, *Il nicodemismo*, p.119-50.

reformados propunham – e inevitavelmente praticavam – aquilo que hoje denominaríamos uma "política da identidade", a qual não podia (ou não queria) ser reconciliada. Rapidamente, a concórdia passou a figurar mais como ideal honroso do que como projeto politicamente viável.

As primeiras dúvidas quanto à possibilidade de restaurar a concórdia religiosa manifestaram-se já durante a reunião dos Estados Gerais de Orléans, realizada no inverno de 1560-1561, convocada para enfrentar as crescentes desordens civis decorrentes dos conflitos entre católicos e calvinistas. Naquele contexto, o autor anônimo de um importante panfleto declarou, de modo enfático, que a única via possível para manter unido o Estado consistia em admitir a coexistência de duas igrejas: "uma dos romanos e outra dos protestantes".[8] *Suportar a diferença religiosa e permitir o pluralismo* constituíram, ali, um primeiro passo em direção ao reconhecimento da liberdade religiosa. Tratou-se também de uma das primeiras formulações da tolerância como princípio inserido no horizonte de uma concórdia civil. Essa ideia, contudo, não foi acolhida imediatamente e, ao contrário, inaugurou um período marcado por guerras e violências confessionais. Ainda assim, o caminho estava delineado: a aceitação da tolerância civil em um contexto de pluralismo religioso mostrava-se, a partir de então, como exigência inevitável; não havia mais alternativa.

8 Trata-se do anônimo "Exhortation aux Princes... pour obvier aux séditions qui semblent nous menacer pour le fait de la Religion" (1561). Ver Lecler, *Histoire de la tolérance au siècle de la Réforme*, v.2, p.41-4.

8. Guerra, armistício e nova concórdia

Uma vez rompida a concórdia cristã, sua temática migrou para a esfera do Estado. Elevada à condição de objetivo ou ideal de convivência civil, a concórdia passou a constituir o valor central da doutrina jurídica da soberania. Após a Revolução Francesa, Jules Michelet escreveu que a "ágape", a "comunhão" e a "concórdia" eram anseios nutridos pelo povo francês desde o declínio da unidade cristã. Nesse sentido, a Revolução de 1789 teria representado o restabelecimento daquela unidade, agora plasmada na figura do Estado, com a consequência de suprimir todas as divisões facciosas e conflitivas, o que, segundo Michelet, corresponderia à primeira etapa de um novo humanismo, destinado a restituir à Europa um sentido unitário e a reparar o cisma religioso.

Esse deslocamento da concórdia – da religião para o Estado – consolidou-se à medida que declinava a convicção de que a unificação da Europa sob uma única religião ainda fosse possível ou mesmo desejável. Assim, com a afirmação da doutrina da soberania absoluta, a concórdia deixou de se referir à universalidade dos crentes em um mesmo Deus para se fundar na universalidade dos súditos de um mesmo Estado. No interior desse processo, a tolerância emergiu simultaneamente como prática política dos Estados e trégua entre adversários que já não partilhavam um sistema de valores comum.

Concórdia e tolerância se contrapuseram historicamente como paz e armistício, encarnando, por vários séculos, duas visões alternativas de unidade social. Essa oposição encontra ressonância na distinção formulada por John Rawls entre *overlapping consensus* (concórdia) e *modus vivendi* (armistício).[9] De fato, mesmo a unidade soberana do Estado – que veio substituir a antiga ordem imperial e se apresentava como resposta ao problema da desordem religiosa – aspirava ser mais do que expediente estratégico ou trégua provisória para viabilizar a convivência entre cidadãos portadores de crenças distintas. Seu objetivo último era constituir uma verdadeira harmonia ética.

No último capítulo do *Contrato social*, de Rousseau, é possível reconhecer a concórdia republicana ciceroniana como matriz de uma nova religião civil, que não admitia diferenças radicais entre os cidadãos e se conformava à tolerância *obtorto collo*.[10] "Agora que já não existe e não pode mais existir uma religião nacional exclusiva, devem ser toleradas todas aquelas que, por sua vez, toleram as outras, desde que seus dogmas não contrariem os deveres do cidadão." E concluía Rousseau: "Por isso, entre todos os autores cristãos, o filósofo Hobbes foi o único a identificar o mal e o remédio, o único a ousar propor a reunião das duas cabeças da águia e a reconduzir tudo à unidade política, sem a qual nenhum Estado ou governo poderá ser bem constituído".[11] Tratava-se, portanto, de uma reafirmação, em chave política, da perspectiva outrora compartilhada por teólogos católicos e protestantes na segunda metade do século XVI.

9 John Rawls apresenta essa distinção em *O liberalismo político* (Ática, 2000), no qual *overlapping consensus* é traduzido como "consenso sobreposto". (N. T.)

10 *Obtorto collo*, expressão latina que significa, literalmente, "com o pescoço torcido". Trata-se, portanto, de uma tolerância forçada. (N. T.)

11 Rousseau, *Il contratto sociale*, p.182 e 175.

9. Rumo à tolerância liberal

A tolerância emergiu, portanto, em um ambiente cultural profundamente refratário à indiferença religiosa e no qual a unidade espiritual era considerada um bem supremo. Em outras palavras, ela começou a se desenvolver muito antes de sua codificação liberal: antes de tornar-se expressão do pluralismo religioso e da liberdade de culto, designava a capacidade de manter os fiéis vivendo "em paz [...] enquanto se aguardava o concílio". Com o encerramento do Concílio de Trento (1563), as esperanças de reconciliação haviam se dissipado. O pluralismo passava, então, a configurar-se como realidade que a política precisava reconhecer e justificar, sem pretender superá-la; é nesse ponto que se pode situar o início da tolerância liberal enquanto *modus vivendi*. Ela passou a carregar o valor da liberdade – não apenas pessoal, mas também política e social – ao converter-se em aceitação do pluralismo e da separação entre intenção e ação. Isso ocorreu paralelamente à limitação dos poderes e ao reconhecimento dos direitos civis, de modo que a tolerância já não poderia mais restringir-se a uma política de Estado; deveria consolidar-se como virtude moral dos indivíduos. Foi nesse espaço da tolerância como virtude moral que floresceu a hipocrisia, agora compreendida como vício moderado a serviço da virtude.

10. A difícil relação

Na história da tolerância, a hipocrisia jamais ocupou um papel simples. Medo, ambiguidade, ignorância: ao longo dos séculos marcados pelas guerras religiosas que se seguiram ao fracasso das tentativas de reconciliação, a hipocrisia não conseguiu conquistar um estatuto autônomo em relação à mentira, lugar em que os Evangelhos, de fato, a haviam originalmente situado. Para agravar esse quadro, os exércitos rivais de crentes sinceros encontravam nos Evangelhos o viático necessário para se acusarem mutuamente de hipocrisia e "farisaísmo". Nesse contexto, a Inquisição rapidamente se consolidou – por certo, a partir das reflexões de Pierre Bayle – como paradigma da intolerância, transformando-se em emblema da condenação de toda e qualquer forma de perseguição. Como escreveu John Stuart Mill em 1859, a repressão à liberdade religiosa em nome de um dogma – mais do que da busca pela verdade – desencadeou um fundamentalismo generalizado, tanto entre quanto no interior das diferentes confissões, católicas ou não. O zelo teológico, impulsionado pela necessidade de sobrevivência de seus defensores, abriu novos caminhos, envolvendo inclusive os reformadores, que, de perseguidos, passaram a perseguidores; de vítimas, a algozes. Cada igreja organizou suas próprias fileiras de perseguidos e dissidentes; todos mobilizados contra a hipocrisia do outro.

Locke formulou a primeira expressão teórica da tolerância entendida como coexistência pacífica entre dissidentes – mesmo que com a exclusão explícita de ateus e católicos – e como garantia da liberdade de culto. Ainda não se tratava, contudo, da liberdade de pensamento, cuja afirmação ocorreria apenas com o Iluminismo, principalmente graças ao trabalho dos teóricos do direito, empenhados em transferir a discussão do plano teológico-religioso para a esfera jurídica. Esse deslocamento permitiria, por sua vez, a definição de um espaço autônomo do direito como terreno de conciliação entre a defesa da soberania e a salvaguarda das esferas de liberdade do indivíduo.

É nesse contexto que se insere o argumento em favor dos direitos civis, em particular no tocante à liberdade de fé: trata-se de um direito que não pode ser violado se deseja-se que a fé seja autêntica; que não pode se revestir de mera aparência por razões de sobrevivência; que não pode, enfim, tolerar a hipocrisia como forma de autodefesa. Os direitos civis tornaram possível a reivindicação plena da sinceridade ao superarem o medo que a impedia. Nesse sentido, abriram espaço para o comportamento prudente e interessado dos indivíduos, bem como para a prática do convívio respeitoso com os outros.

Livres para crer ou não, a questão da hipocrisia desloca-se da esfera da verdade, da conversão e da religião, assim como do temor à repressão. Nessa nova realidade, os direitos se afirmaram tanto contra o Estado quanto contra a autoridade religiosa. Contudo, para que esse resultado fosse possível, era necessário que a soberania estatal estivesse plenamente consolidada contra as pretensões de domínio teocrático. Em outras palavras, as declarações de direitos pressupunham a existência de um Estado dotado de autoridade incontrastável, absoluta. Seguindo o raciocínio de Rousseau, a vitória do Leviatã sobre qualquer concorrente na disputa pela soberania foi condição necessária para o desencadeamento de um novo processo: da denúncia contra o uso da violência como instrumento de conversão (a tolerância do culto) à reivindicação de direitos de pensamento dirigidos contra o próprio Estado absoluto. Foi no interior desse cenário que o jusnaturalismo formulou a crítica mais incisiva às violações dos direitos naturais promovidas pela Inquisição, destacando-se entre eles o próprio direito ao culto: não se pode obrigar ninguém a crer, escreveu Locke. Com essa afirmação, ele se contrapôs à tradição inaugurada por Agostinho, segundo a qual o tormento corporal podia ser considerado meio legítimo para suscitar a fé e impor a convicção sincera.

III
Postura hipócrita

Se refletirmos cuidadosamente sobre a distinção entre a obediência motivada pelo medo e a fundamentada em um interesse racional, compreendemos o significado e o valor da tolerância, bem como reconhecemos os fundamentos do constitucionalismo moderno. Trata-se de perceber a separação entre juízo sobre as intenções e o juízo sobre as ações, distinção essencial ao modelo constitucional que transfere às instituições políticas, e não aos indivíduos, a responsabilidade pela virtude necessária à manutenção da paz civil, sobre a qual repousa a liberdade pública. A expulsão da verdade do domínio da soberania e do Estado, num processo que articulou a luta por tolerância religiosa à doutrina e à prática do governo constitucional, tornou possível a passagem gradual, embora revolucionária, da obediência baseada no temor para uma fundada no interesse racional, podemos dizer, para uma *postura hipócrita*.

1. Luz e treva

A postura hipócrita – ou, mais exatamente, a gestão individual dos comportamentos hipócritas – adquire legitimidade a partir do momento em que a hipocrisia é excluída das funções públicas e das instituições do Estado. Vejamos, a esse respeito, as palavras de Thomas Hobbes, que identificava, na concorrência entre os poderes religioso e político – ambos pretendendo exercer autoridade sobre o juízo das ações humanas –, uma fonte inevitável de desordem, "um grande perigo de guerra civil e de dissolução":

> Pois, sendo a autoridade civil mais visível e aparecendo na luz mais clara da razão natural, não pode fazer outra coisa senão atrair para ela em todas as épocas uma parte muito considerável do povo. A autoridade espiritual, por sua vez, permanece na escuridão das distinções dos escolásticos e das palavras difíceis, mas, como o medo da escuridão e dos espíritos é maior do que os outros medos, não pode deixar de congraçar um partido suficiente para a desordem e muitas vezes para a destruição da república. E isto é uma doença que não é inadequado comparar à epilepsia. [...] Assim como nesta doença há um espírito não natural ou vento na cabeça, que obstrui as raízes dos nervos [...] também no corpo político, quando o poder espiritual agita os membros de uma república pelo terror dos castigos e pela esperança das recompensas (que são os seus nervos) e não pelo poder civil (que é a alma da república) como deviam ser movidos, e por meio de palavras estranhas e difíceis sufoca o seu entendimento, necessariamente deixa aturdido o povo, e submerge a república na opressão, ou a lança no fogo de uma guerra civil.[1]

1 Hobbes, *Leviatano*, cap.XXIX, p.324.

A proteção da vida dos súditos contra as funestas doutrinas religiosas – que impõem não apenas "trevas" e ambiguidade, mas também se constituem como inimigas da "visibilidade" das ações e da "luz clara", associada à razão natural que fala a todos – exige uma revisão fundamental do papel clássico da atuação. O Estado hobbesiano veste a máscara, mas *não* é um ator em cena: ele *expulsa a hipocrisia* de sua própria postura e a transfere para a esfera privada dos súditos. Voltemos, então, à origem clássica do termo "hipocrisia", abordada no primeiro capítulo.

2. Pessoa, não ator

A figura da máscara constitui a pedra de toque sobre a qual se assenta o Estado, essa "pessoa artificial" que confere visibilidade e autoridade às palavras e decisões sob a "luz clara" do sol. Hobbes, no capítulo XVI do *Leviatã* (1651), dedicado ao significado de "personificar" o Estado, propõe uma distinção fundamental entre *hypokrités* (ator) e *prósōpon* (pessoa), entre "fazer aparecer" e "ocupar o lugar de". Entre os dois termos, Hobbes escolhe utilizar *prósōpon*. Essa escolha é paradigmática e altera o significado não apenas de "representação", mas também de "responsabilidade" e "autoridade". A adoção de *prósōpon* em vez de *hypokrités* é de enorme relevância, pois permite a Hobbes recorrer a uma convenção – *nesse* sentido, uma ficção – sem comprometer a realidade concreta e unívoca do Estado. A opção decorre da intenção hobbesiana de enfatizar o papel da máscara em *detrimento* da atuação: ele deseja evitar que a força das instituições dependa da habilidade interpretativa de seus atores e, por fim, impedir que a ação das instituições seja submetida ao julgamento dos súditos, evitando que se confunda com a participação dos súditos enquanto agentes mais ou menos críticos, como se fossem, precisamente, um público.

A máscara é o artifício que confere identidade às funções e às instituições, fazendo desaparecer tanto o ator quanto a ação representativa. O sentido de "público" em Hobbes reside precisamente em não pertencer a nenhum dos indivíduos que emprestam seu corpo e sua voz para dar vida ao Estado. Se há um público, ele é composto por súditos individuais que, ao obedecerem sem resistência, sustentam o trabalho do soberano. Aos súditos, não se exige julgamento, mas obediência; e quanto maior for o número dos que obedecem, mais forte e legítimo será o Estado. O indivíduo físico, de carne e osso, que veste a máscara do papel público, não é o Estado, mas um manequim movido pelas normas e finalidades das instituições – os membros do Estado – às quais dá movimento. Não é o ator que devemos ver ao assistirmos à encenação, mas apenas o papel, a máscara, a pessoa artificial.

3. O Estado não é hipócrita

Hobbes consegue retirar a hipocrisia da função pública, neutralizando-a, mesmo valendo-se da ficção construtiva da máscara. Ele afirma que o Estado não é um ator, mas um comando, sem espaço para dissenso. Até mesmo a interpretação – aquela exercida pelos magistrados – ocorre sem retórica. Esse movimento é decisivo também para afastar a "consciência" individual (e, portanto, a moral subjetiva) daquele que ocupa um cargo público. O magistrado ou o funcionário pode ter de agir de modo contrário às próprias convicções pessoais e, ao fazê-lo, não precisa colocar em risco sua moralidade. Agir em nome do Estado isenta a consciência do funcionário de responsabilidade moral (um Estado forte e estável, segundo Hobbes, é aquele que jamais constrange o súdito a rebelar-se para evitar fazer algo que sua consciência reprova). Em suma, a máscara do Estado isenta quem atua nas instituições de qualquer responsabilidade moral perante a própria consciência: assim, elimina-se pela raiz qualquer justificativa para a objeção de consciência ou para a desobediência e, com isso, qualquer encenação e qualquer forma de hipocrisia.

A despersonalização e a mecânica das instituições permitem a Hobbes empregar a estratégia da ficção ou da convenção sem recorrer à hipocrisia. Para o filósofo, os súditos não constituem um público que simplesmente assiste a uma encenação e a julga. Eles encontram-se dispersos pelo território, recebem e sofrem as decisões emanadas da pessoa artificial e, com sua obediência, conferem às instituições uma identidade robusta e absolutamente irresistível, agindo à luz do dia, sem estarem envoltos pelas trevas.

Essa digressão revela por que Hobbes opta por *prósōpon* em vez de *hypokritḗs* quando pretende indicar o sentido de o Estado personificar e conferir unidade a um "nós" – entendido como a "multidão" de súditos –, e como as instituições constituem uma realidade efetiva, e não uma mera aparência dependente da habilidade performativa de quem as exerce. Essa escolha é decisiva por duas razões que fundamentam a hipocrisia dos modernos: (1) a hipocrisia permanece aquém do Estado, situada na esfera da ação informal e não institucional, envolvendo os indivíduos em suas relações interpessoais; (2) a hipocrisia não encontra espaço na soberania nem nas instituições públicas: ela pode, no entanto, manifestar-se no âmbito em que se constitui a autoridade do público – uma autoridade desprovida da força do comando, embora altamente influente – e que, no Leviatã, ainda não se faz presente.

A obediência dos súditos constitui a melhor evidência de seu juízo favorável: quanto menor o número de desobedientes à lei, mais ela revela sua adequação à vida civil. A força da pessoa artificial não reside no consenso de um público opinante, mas na obediência dos indivíduos. Nesse cenário, a hipocrisia encontra-se deslocada, pois está vinculada a um público que formula abertamente julgamentos sobre a atuação dos governantes. Para que a postura hipócrita entre em cena, será necessário inaugurar uma forma de "obediência" externa ao domínio da lei, manifestando-se naquela que, *após Hobbes*, passará a ser denominada "sociedade civil".

Hobbes tinha razão ao sustentar que o juiz no tribunal (a máscara da justiça) não deve ser julgado como se julga um ator, pois sua postura e a linguagem que utiliza devem ser irrelevantes para o bom exercício de sua função; o juiz não é o advogado. O que importa – ou melhor, o que deve importar – é que o juiz atue como órgão da lei e a faça falar ao aplicá-la aos casos concretos que julga. Nenhum juízo por parte dos súditos está previsto. Quando, porém, os súditos se tornarem cidadãos e passarem a respeitar leis que desejaram instituir por meio de seus representantes eleitos, outras figuras entram em cena: não apenas "pessoas" ou "máscaras", mas *também* "atores" capazes de desempenhos performativos autênticos. Pode-se afirmar, então, que é com o governo representativo, com a sociedade civil e com a economia das trocas de opiniões que a hipocrisia conquista o palco nessa zona intermediária entre as instituições estatais e a vontade individual. O "desempenhar um papel em cena" por aquele que busca consenso e almeja um voto consagra a autoridade da opinião pública.

4. A "angústia do cômodo burguês"

Agir moralmente exige uma sociedade política fundada na lei, pois, afirma Kant, apenas ao submetermos nossas ações à lei podemos seguir esse caminho, sem recorrer a subterfúgios, sem fingir para agradar ao poder, sem mentir para sobreviver. Kant sustenta, portanto, que os seres humanos têm o dever de criar a ordem da lei (o Estado), a fim de não se submeterem à chantagem da força que, ao agir sobre a paixão do medo, abre caminho à mentira. Se Agostinho objetava a Cícero que até mesmo uma sociedade de bandidos possui suas leis e educa para a obediência tal como uma república, Kant deixa claro que uma ordem política cujas leis tratam os súditos como livres, iguais e moralmente independentes pode ser habitada, com proveito, até mesmo por demônios. A lei elimina, desde a origem, as trevas e o subterfúgio.

A pureza dos comportamentos morais das pessoas é indicativa da qualidade das leis, capazes de conter, senão eliminar, a predisposição natural ao vício ou ao mal. O "tronco torto da humanidade" permanece tal como é, mas são as leis e a constituição republicana que orientam as ações na direção do bem. A partir desse ponto, cabe ao indivíduo a escolha de agir moralmente, não havendo mais qualquer justificativa para não o fazer.

Como sabemos, Kant não admite qualquer espaço para a mentira, condenando-a sem exceções, como já o fizera Agostinho. Contudo, em sua definição da república enquanto governo das leis ou governo constitucional, encontramos uma reflexão atenta à necessidade de reconhecer o lugar da prudência, da busca pelo conforto e pela vida social, das trocas úteis e vantajosas, bem como das estratégias que, de forma indireta, induzem as pessoas a conformar suas ações de modo a respeitar os outros, sem que, para isso, precisem alterar sua própria natureza. Se todos os homens fossem bons, escreve Kant, "ninguém teria razão para ser reticente". Mas, sendo os homens uma mescla de bem e de mal, para viverem em paz e com urbanidade, precisam "fechar as portinholas das [suas] janelas" e se habituar a agir com cortesia.

A cortesia não é mentira, mas uma postura que pode tornar-se uma segunda natureza e, por essa via, permitir que as pessoas descubram em si prudência e sabedoria, sem que isso implique qualquer manipulação premeditada. O traço distintivo do mentiroso, escrevia Aristóteles na *Metafísica*, é dizer o falso "de bom grado e de propósito [...] não por outra razão senão por dizer o falso".[2] Kant distingue a mentira da hipocrisia ou da prudência, atribuindo a esta última uma ação formal conforme à lei moral, ainda que motivada por razões que não se afastam da busca da felicidade.

> Através desse impulso, que os leva tanto a esconder-se como também a adotar uma aparência vantajosa para si, os seres humanos com toda certeza não apenas se *civilizaram*, mas, em certa medida, gradativamente se *moralizaram*, pois ninguém podia vestir a máscara da respeitabilidade, honradez e decência, e só se encon-

2 Aristóteles, Metafisica, p.263, 1.025a 3-5.

trava uma escola do melhoramento para si mesmo em exemplos supostamente autênticos do bem, que se podia ver ao redor de si.[3]

Na distinção entre intenção e ação, entre moralidade das intenções e legalidade dos comportamentos, reside a condição da vida civilizada. Essa é a premissa da noção de publicidade que, conforme escreveu Leonard Mazzone, marca um "ponto sem retorno da reflexão moderna sobre a hipocrisia na política".[4] Esse é o desfecho final do dualismo formulado por Hobbes entre o poder (público ou civil) "visível" e o dogmático (toda forma de crença que aspira ao domínio sobre as intenções e as ações) associado às "trevas". Em Kant, vê-se a tensão entre o anseio por uma moralidade coerente (a "verdadeira *humanitas*") e a moralidade "mesquinha" (que se forma na "angústia do cômodo burguês no qual o Iluminismo projetava seu raio").[5] É nesse ponto que se insere o valor da *civility*; o valor de uma sociedade na qual até mesmo os demônios conseguem socializar sem se anular e que atribui um lugar não desonroso à hipocrisia, aquela que Judith Shklar definiu como uma "virtude liberal".

5. Onde buscar a virtude

Lê-se em *O espírito das leis* (1748), de Montesquieu: a segurança da vida e a liberdade pessoal são bens que coexistem e

---

3 Kant, *Critica della ragion pura*, p.741.

4 Mazzone, Ipocrisia. In: *Storia e critica del più socievole dei vizi*, p.217.

5 Benjamin, Uomini tedeschi. In: *Opere complete*, v.6, p.891.

perecem juntos; fazê-los coexistir constitui o objetivo do constitucionalismo moderno. Em 1721, Montesquieu havia publicado as *Cartas persas*, um epistolário imaginário de dois persas em viagem pela Europa. Ao chegarem a Paris, ridicularizam tanto a vaidade e a insensatez da sociedade europeia quanto os governos despóticos, as leis opressivas, a intolerância religiosa e, justamente, a má – embora necessária – hipocrisia. Os dois persas satirizam e criticam tudo o que observam: da venda de cargos públicos à desvalorização monetária, passando pela ideia de que a guerra possa enriquecer uma nação. O que transforma as *Cartas persas* numa obra-prima de psicologia social e de antropologia filosófica *avant la lettre* é a revelação da fragilidade de uma crítica incapaz de exercer autocrítica: uma situação grotesca, pois os autores imaginários percebem apenas a ilegitimidade e a estupidez alheias, nunca as próprias. Um deles, Usbek, possui eunucos e mantém um harém de concubinas, sobre os quais exerce um despotismo cruel. Em suma, de um lado, os princípios da liberdade são fáceis de entender quando sua ausência é percebida por quem vem de fora; de outro, são difíceis de praticar, pois raramente as pessoas sabem conter o impulso de acumular poder, todo e qualquer poder.

Como fortalecer a liberdade sem depender da virtude dos indivíduos nem da participação direta dos cidadãos na vida pública? Esse era o problema enfrentado por Montesquieu. Sua solução foi a divisão e o equilíbrio recíproco dos poderes: "para que ninguém possa abusar do poder, é necessário dispor as coisas de modo que o poder contenha o poder".[6]

---

6 Montesquieu, *Lo spirito delle leggi*, v.1, p.274.

As estratégias de controle não podem apoiar-se na determinação individual. Para serem eficazes e efetivas, precisam fundar-se nas leis, nas constituições e nos costumes (*mores*), entre os quais se incluem as chamadas "boas maneiras". Nesse contexto institucional de limitação do poder, a hipocrisia passa a exercer função protetora. Mas isso só se torna possível fora de uma ordem sustentada pelo medo, aquela da qual a Europa de Montesquieu havia acabado de emergir após as guerras de religião e na qual se refugiara para resistir à violência religiosa. Um poder sem limitações não dissipa o medo; ao contrário, gera novas estratégias de ocultamento, sem conceder ao indivíduo qualquer controle sobre elas.

Montesquieu identifica na virtude, sustentáculo da república clássica, o nó ainda não desatado da estabilidade da liberdade. A virtude pública (*caritas*), para perdurar, precisa ser exercida de modo constante e continuamente nutrida, jamais limitada. O caminho sugerido por Montesquieu em *O espírito das leis* e *Cartas persas* envolve a transição da república da virtude para a "república comercial" e, possivelmente, à hipocrisia, entendida como alicerce das boas relações civis.

Montesquieu introduz o comércio, o interesse e a moderação dos objetivos como instâncias do bem viver; elementos que, no republicanismo clássico, soavam blasfemos. Como vimos em Cícero, a concórdia republicana exigia elevada virtude para conter a força dos interesses. Montesquieu, porém, entende o próprio interesse como freio ao interesse, abrindo caminho à paz, conferindo à liberdade papel simultaneamente estável e dinâmico e, por fim, relegando a virtude ao domínio da literatura e da moral privada. Nesse cenário, sua admiração pela república romana cede lugar ao apreço pela inglesa, marcada por nova concórdia, encenada por agentes dedicados à tranquila satisfação de interesses, frequentemente modestos e materiais. Ao procederem assim, transformam-se em protetores das liberdades civis, um bem comum que envolve a todos no grande palco da vida social.

A sociedade comercial e mercantil evidencia alguns pontos: (1) a preocupação com os monopólios e, ao mesmo tempo, com os pequenos lucros e pequenas perdas; (2) a necessidade de estabilizar práticas de vida capazes de temperar virtudes e fanatismos, atenuar paixões religiosas perigosas e, a longo prazo, conter intolerâncias identitárias. O medo gerado pela crueldade deixada por dois séculos de guerras religiosas inspirou a revalorização da hipocrisia como arte de viver, especialmente num mundo regido por paixões e interesses contrários, que, para não degenerarem em violência, precisam ser mitigados em suas formas e manifestações. Esse é o *liberalismo do medo* – ou, com mais exatidão, o liberalismo que nos liberta do medo – ao qual Judith Shklar se referia.

O liberalismo do medo assenta-se em uma tradição formada por múltiplas camadas: a história republicana da Antiguidade, o legado religioso e revolucionário e a experiência de um poder limitado pelos direitos. Ele não se baseia em utopias de perfeita unanimidade, tampouco em distopias de civilizações futuras marcadas pela transparência absoluta ou pela eliminação de conflitos. Refletir sobre os vícios, escreveu Shklar, revela até que ponto nossa cultura liberal constitui "uma cultura composta de muitas subculturas", estratos de rituais religiosos antigos e modernos, distinções de classe, heranças étnicas, sensibilidades e modos diversos, resíduos ideológicos cujo propósito original se perdeu. Nessa história da civilização como edificação de uma segunda natureza, a democracia liberal assume papel mais próximo de receita para a sobrevivência do que de projeto de aperfeiçoamento humano.

Shklar refutava a doutrina dos críticos – autoritários ou clericais –, para os quais o liberalismo se apoiaria apenas nos vícios privados, expressão pura do egoísmo em todas as formas possíveis. Assim,

> Nada poderia estar mais distante da verdade. O próprio recuo diante do uso da coerção pública para impor a unanimidade da crença e padrões uniformes de comportamento exige um grau imenso de autocontrole.[7]

Refletir sobre o termo "autocontrole" revela que a hipocrisia não equivale ao preço vil pago por quem persegue exclusivamente o próprio interesse. Hannah Arendt, em *Sobre a revolução*, mostrou como a "guerra à hipocrisia" converteu "a ditadura de Robespierre no reino do Terror", levando até mesmo à depuração dos próprios líderes.[8] O liberalismo aprendeu com essa experiência e domesticou tanto o conflito quanto a hipocrisia.

6. Árduo liberalismo

Como observamos, a hipocrisia exige esforço consciente de autolimitação e lenta formação de uma segunda natureza. Para muitos estudiosos, ela chega a funcionar como escola de caráter, pois fundamenta-se em virtudes civis, destacando-se,

---

7 Shklar, *Vizi comuni*, p.81-93.
8 Arendt, *Sulla rivoluzione*, p.95.

sobretudo, o freio à paixão pela perfeição. O vínculo entre liberdade e busca individual por perfeição ou autenticidade representa o nó mais intrincado, inclusive para o pensamento liberal, longe de ser monolítico nesse aspecto. Entre os autores que melhor ilustram essa complexidade, encontra-se John Stuart Mill, defensor da liberdade individual (ou, em suas palavras, da "soberania"), crítico implacável das convenções e das intolerâncias, e, simultaneamente, severo censurador da hipocrisia moderna, associada com frequência, segundo ele, à mediocridade e ao conformismo da classe média. Mill estava convencido de que a busca por sinceridade pública e privada era condição prévia para a felicidade, tanto individual quanto coletiva. Embora Jane Austen tenha inspirado sua análise da moral burguesa, a concretização da individualidade, para ele, resultava de duas correntes opostas: de um lado, a crítica conservadora à sociedade de mercado, presente em Thomas Carlyle e Samuel Taylor Coleridge; de outro, o contragolpe dessa mesma crítica, originado na filosofia de Jeremy Bentham.

Mill condenava a adaptação exterior às ideias dominantes, acompanhada do ocultamento das próprias convicções. Reconhecia, no entanto, haver na crítica à ambiguidade a pressuposição de uma filosofia da pessoa entendida como unidade imutável e idêntica a si – uma subjetividade uni-verso – da qual ele próprio desconfiava. É importante notar que tanto a política fundamentada na repressão quanto a estratégia de defesa por meio da mentira recorriam a essa filosofia. Inquisidores e hereges também partiam da suposição de indivíduos uni-verso. Assim, pode-se afirmar que – seja pelo comportamento repressivo, seja pela inclinação ao compromisso – ambos compartilhavam a ambição de, cedo ou tarde, transformar a mente (dogmatismo severo) ou de proteger uma univocidade originária (ambiguidade).

Mill enfrentou esse postulado e lançou um alerta: a repressão pode triunfar quando exercida com perseverança e técnica. Poderia ocorrer, como na Espanha de Isabel de Castela, que o judeu fingisse ser cristão para sobreviver; mas também seria possível que, a longo prazo, essa hipocrisia persistente convertesse efetivamente o judeu ao cristianismo. Nessa hipótese, a ambiguidade desapareceria, arrastando junto a identidade original. Poderíamos afirmar, nas palavras de Antonio Gramsci, que a transformação molecular foi bem-sucedida.[9]

Mill abordou essa questão no *Ensaio sobre a liberdade*, ao defender pleno espaço para todas as opiniões, sem impor modelos de comportamento e aceitando até o risco de conflitos intensos, desde que ninguém fosse domesticado a uma crença desprovida de dúvida. O objetivo era respeitar cada indivíduo em suas escolhas e transformações de identidade.

A hipocrisia torna-se problemática quando concebida e praticada de forma absolutista, pois corrói a ideia de originalidade do eu, ao mesmo tempo que impede o reconhecimento da possibilidade de um processo contínuo de transformação do sujeito. O problema de Mill – exposto com precisão no terceiro capítulo do *Ensaio sobre a liberdade* e visto por muitos críticos como um corpo estranho à sua obra – reside no fato de que, se a condição

---

9 Em Gramsci, a "transformação molecular" conecta a teoria materialista da formação da personalidade com o processo de constituição imanente do sujeito político. Trata-se de uma metáfora que procura amalgamar os métodos de conhecimento subjetivo e transformação social. (N. T.)

humana se apresentasse de modo absoluto, não haveria espaço para a socialização, nem mesmo para a educação, ou seja, para a formação da segunda natureza, aqueles *mores* sem os quais não há tecido social, mas apenas um individualismo atomizado, exatamente o oposto do ideal almejado por Mill.

Portanto, a hipocrisia não deve servir de instrumento de autoproteção nem pressupor um regime absoluto ou totalitário, muito menos tornar-se pilar estrutural da sociedade. Ela deve assumir caráter ocasional e ficar sob controle de cada indivíduo. Para tanto, é fundamental manter um ambiente livre e aberto, permitindo à hipocrisia cumprir sua função civilizadora sem exercer papéis negativos, como a manipulação ou o conformismo radical. Assim, cabe a cada pessoa escolher o que expor em público e o que preservar na própria intimidade, distinguindo exterioridade e interioridade.

Assim, ao tratar da função civil da hipocrisia, a reflexão deve se limitar às sociedades livres e ao livre convívio social entre indivíduos. É preciso também abandonar a ideia de identidade única, a ser preservada, inculcada ou transformada. O pluralismo não se aplica apenas a crenças religiosas ou a ideias, mas alcança o próprio sujeito: a identidade individual é um núcleo em permanente e árdua reformulação de energias e potencialidades que jamais se realizam de modo completo ou previsível, e talvez nem sejam realizáveis.

IV
Promessas (frequentemente) não cumpridas

A hipocrisia bem compreendida – a que proponho chamar de *civility* – encontra, na democracia representativa, seu ambiente mais apropriado. Nos regimes despóticos, confunde-se com a ambiguidade sistêmica, funcionando como estratégia de defesa da liberdade e, por vezes, da própria vida; já nas sociedades baseadas em direitos civis e políticos, assume uma forma "virtuosa", capaz de deixar o indivíduo agir em público com tranquilidade. Nesse papel, indica a solidez das instituições políticas. Ao contrário do regime autocrático, o governo constitucional mantém os políticos sob constante vigilância do julgamento dos cidadãos. Esse regime distingue-se não tanto pela transparência, mas pela tensão permanente entre ocultamento e exposição. Em um contexto normativo voltado a regular o dissenso e o livre jogo de opiniões, a hipocrisia assume a forma do compromisso, dinâmica essencial à democracia eleitoral.

1. Liberais, socialistas e conservadores

Antes de examinar a dimensão procedimental-política, convém esclarecer: a atitude em relação à hipocrisia varia conforme diferentes orientações ideológicas. A crítica ao compromisso geralmente se converte em crítica à própria política, encontrando respaldo em Maquiavel e, ainda antes, em Agostinho, autores que, apesar de objetivos distintos, viam na política uma arte incompatível com as virtudes cristãs. No realismo trágico de Maquiavel, o "bom" governante deve estar pronto a praticar aquilo que a moral subjetiva repudia, sem concessões; para o "bom" cristão agostiniano, por sua vez, a única atitude coerente é manter-se à margem da política. Essa tradição realista associa-se – tanto por seus defensores quanto por seus críticos – ao uso deliberado da ambiguidade. La Rochefoucauld ridiculariza a falsidade das aparências virtuosas ("a cortesia é o desejo de ser retribuído e de ser tido como gentil") e afirma que toda ação resulta de um egoísmo originário, do interesse pessoal e da falta de autocrítica ("nada é mais raro do que a verdadeira bondade: quem acredita possuí-la cultiva quase sempre apenas autocomplacência ou fraqueza"). O "bom" político, nesse horizonte, confirma a tragicidade da política, cuja essência consiste na convergência entre a ambição de quem a exerce e o interesse da comunidade.

A partir da relação entre os planos individuais e os da conveniência social, Mandeville formulou este silogismo: se o egoísmo constitui um vício e toda ação dele se origina, então todas as ações benéficas derivam do egoísmo. Alarmado por essa redução determinista do mundo moral ao jogo de interesses, Adam Smith buscou corrigir o materialismo de Mandeville ao separar o juízo moral do juízo econômico. Marx incorporou esse debate em seu materialismo, criticando os moralistas da sociedade burguesa por atribuírem ao capitalismo o caráter de subversão da justiça e da moralidade. Tanto a lógica da heterogênese dos fins quanto a da negação da negação partilham um mesmo mecanismo argumentativo, embora conduzam a desfechos opostos: a primeira desemboca na aceitação da ordem vigente; a segunda, na sua subversão. No centro do pensamento marxista, pulsa uma tensão moral voltada à emancipação do indivíduo em relação ao estranhamento e à alienação; nesse contexto, a hipocrisia aparece como consequência lógica da ordem burguesa. Já Mandeville mantinha um materialismo antimoral de caráter intransigente.

Portanto, diante da hipocrisia surgiram três ramificações ideológicas: (1) restrita às ações econômicas e políticas dominadas pelo interesse (Smith); (2) vinculada a uma ordem social hostil à individualidade e à liberdade (Marx); (3) entranhada na natureza humana como traço incurável da vida em sociedade (Mandeville). Assim, liberais, socialistas e conservadores podem ser distinguidos pela postura que cada corrente assume em relação à hipocrisia.

2. O público e a penumbra

Se da esfera social passarmos à política, percebemos como a democracia representativa se desenrolou em paralelo à ascensão do público: um mundo julgador que, ao mesmo tempo, funciona como tribunal da ação governamental e cadinho onde se forjam escolhas, preferências e estratégias políticas. A política baseada no consenso – cuja legitimidade repousa no voto secreto – abre por completo as portas para agir na *penumbra*, cenário ideal para a hipocrisia. De que modo uma política que se fundamenta no público e na transparência pode produzir e acolher, simultaneamente, essa penumbra?

Candidatos que fazem promessas ou partidos que fecham acordos com adversários sem admiti-lo não são menos "hipócritas" do que eleitores que exigem transparência (e acusam os políticos de ambiguidade), mas, ao votar, adotam estratégias – muitas vezes "tapam o nariz" – no sigilo da urna. Imaginarmos uma sociedade livre desse tipo de comportamento equivaleria a projetar um mundo sem eleições e, portanto, sem política; cenário nem sempre desejável. Criticar tanto a falta de autenticidade quanto o recurso ao compromisso acaba revelando uma postura antipolítica, capaz de direcionar a opinião pública contra os partidos em nome de uma suposta pureza imune à hipocrisia.

A associação entre partidocracia e vício radical reflete essa concepção e aponta para uma preferência pelo governo dos "técnicos" ou, então, por uma política voltada unicamente à resolução de problemas já definidos. A ilusão tecnocrática, presente em democracias contemporâneas, escamoteia o desprezo pelo consenso eleitoral na tomada de decisões. Nos debates sobre a "crise" da democracia, argumenta-se com frequência que, diante da brevidade dos ciclos eleitorais, a política falha em atender ao interesse geral. Esse argumento, porém, não esclarece em que ritmo esse interesse deveria ser perseguido; não responde por quantos anos, décadas ou séculos seria preciso postergar nosso bem-estar para, enfim, alcançar uma sociedade "verdadeiramente" justa. Por trás desse discurso, encontra-se a desconfiança – e, em alguns casos, o desprezo – por um sistema que confere igual valor ao voto de ignorantes e eruditos. Recentemente, Jason Brennan perguntou: "Não faria sentido subordinar o direito de voto a um exame de mérito?". Como não reconhecer, nessa crítica moralizante às promessas (hipócritas) de políticos e partidos, um viés autoritário que descarta o princípio da contagem igualitária dos votos e transfere a autoridade para valores qualitativos não traduzíveis em consenso eleitoral, como a tradição (soberania dos antepassados) ou a verdade (soberania dos sábios)?

Entre os vários significados da hipocrisia, interessa-nos, sobretudo, o político. As práticas associadas, em tom pejorativo, à hipocrisia arraigam-se nas relações entre representantes e representados, bem como entre os próprios representantes. Refiro-me à ampla gama de comportamentos voltados à negociação e à construção de soluções para posições frequentemente díspares – ou que assim se apresentam – sem anulá-las. Em um governo assentado em eleições e no princípio da maioria, *a arte do compromisso* torna-se o modo de ser da hipocrisia.

Ao delimitar a obediência sem eliminar a permanente possibilidade de dissenso, Hans Kelsen definiu a democracia como liberdade política exercida em um espaço público que regula simultaneamente o conflito e a busca contínua por acordos. Desvalorizado, o compromisso costuma ser associado à "negociação" de mercado, levando à conclusão de que a lógica de troca e os cálculos de conveniência próprios da democracia eleitoral suplantam a deliberação racional fundada na ideia de justiça como imparcialidade, dando lugar à parcialidade e à estratégia partidária. Mesmo estudiosos da política que assumem uma perspectiva realista muitas vezes recusam conferir dignidade ao compromisso, considerado um mal menor, mas ainda assim um mal. Para Jonathan White e Lea Ypi, por exemplo, o compromisso "mina, por princípio, tanto a ideia de consenso deliberativo quanto a de engajamento político".[1]

---

1 White; Ypi, *The Meaning of Partisanship*, p.163.

Partidos são o cerne da política baseada no compromisso e, por isso, dependem de uma penumbra, não da plena transparência. Necessitam de um espaço de sombra para elaborar táticas políticas e recorrem à retórica conspiratória sempre que desejam projetar-se como vítimas dos adversários. Isso explica por que o ambiente político no qual atuam se aproxima do "pensar duplo" próprio da hipocrisia. Esse palco combina dois cenários: um público, pautado pela legislação vigente e pela esfera pública do embate político e do discurso; e outro que não é inteiramente público, mas tampouco clandestino por completo, o que ocorre internamente, entre dirigentes, num espaço de penumbra.

Para sustentar uma política partidária de fato democrática, nem o segredo nem a publicidade podem se impor de forma absoluta. É imprescindível oferecer aos atores políticos um recanto de sombra no qual ocultem projetos, seja para vencer uma disputa eleitoral, seja para costurar compromissos às vezes incompreendidos ou rejeitados por militantes e eleitores. O paradoxo reside em que essa estratégia de penumbra costuma expor, ao final, o conluio do adversário, revelando publicamente seus planos. Por isso, o pluralismo partidário revela-se condição indispensável ao autogoverno democrático.

Esse ato de expor o outro integra a dinâmica vital dos partidos, pois é do pluralismo entre eles que decorrem o controle recíproco e os limites ao poder. Partidos não são associações secretas, nem conspiram nos bastidores, tampouco mentem de modo sistemático. Eles competem à luz do dia, respeitam as regras da esfera pública e, ao conquistar a maioria, empenham-se em honrar o mandato recebido, a fim de permanecer no poder. Por isso, uma vez no governo, não se confundem com a máquina estatal nem desaparecem como partido: mantêm sua natureza parcial, pois pretendem sobreviver além de qualquer legislatura ou coalizão. É justamente por esse desejo de perdurar que devemos desconfiar quando se autoproclamam detentores do destino nacional ou símbolos de um patriotismo exclusivo. Essa vontade de persistir enquanto partido torna possível contribuir para a longevidade do próprio sistema eleitoral. O jogo de luz e sombra que os caracteriza confere pleno sentido ao que chamamos "penumbra partidária", uma forma peculiar de hipocrisia.

3. O vício do político

Jon Elster observou que uma das engrenagens psicológicas que tornou possível a deliberação pública – e, com ela, o enraizamento da democracia – é a hipocrisia, a qual, em um ordenamento político pautado por normas e procedimentos compartilhados, assume uma função de *civility*. Afinal, qual parlamentar teria coragem de declarar, em público, ter ingressado na política para representar interesses próprios ou de amigos e parentes? Esses comportamentos estão longe de ser incomuns, mas raramente vêm à tona. Ainda assim, quem atua no parlamento movido por motivações pessoais costuma justificar seus projetos de lei com o argumento do "interesse geral". Ao exercer a hipocrisia, esse político expõe não apenas sua notória falta de confiabilidade (por que elegê-lo?), mas também evidencia, em seu país, um entendimento bastante aceito de que cabe declarar publicamente – e, sempre que possível, perseguir – o interesse coletivo. Junto da ambiguidade do eleito, a hipocrisia testemunha a solidez da democracia. O problema surge quando a hipocrisia deixa de existir, quando o representante eleito não hesita em expor suas verdadeiras motivações políticas em público. Nesse contexto, o "vício" do político hipócrita torna-se sinal de "virtude" do arranjo institucional. Há países nos quais um escândalo modesto basta para derrubar um ministro, e outros em que escândalos graves e reiterados não bastam para afastá-lo do cargo. No segundo caso, não no primeiro, a hipocrisia é menos presente.

A hipocrisia baseia-se na ideia de que a legitimidade de uma ação provém do julgamento de quem sofre suas consequências, não de quem a pratica. Essa inversão – deslocar o foco do agente para o destinatário – constitui o fundamento dos governos eleitorais. Prestar contas ao público implica aceitar que as razões por trás da ação política serão, inevitavelmente, conhecidas e divulgadas; não há como escondê-las hermeticamente. Por isso, o agir político deve obedecer a critérios e procedimentos públicos. Se o agente acredita em seu discurso ou se ele é sincero de fato – e em que medida – acaba sendo menos relevante do que o fato de não poder agir de outra forma: ele não se encontra livre para escolher qualquer linguagem nem para expor abertamente o que pensa. Se o político distingue aquilo que pensa de o que diz, isso ocorre porque, mesmo em seu comportamento desprovido de virtude, ele reconhece o valor das instituições, ainda que apenas para conquistar a simpatia dos concidadãos. Resta, porém, as dúvidas: até quando esse jogo de hipocrisia pode prosseguir sem comprometer os procedimentos públicos? Onde é o limite entre hipocrisia e penumbra?

Para estabilizar o sistema político sem corroer a confiança dos cidadãos nas instituições, a hipocrisia deve operar dentro de uma ordem pautada em regras e normas às quais ela própria não pode se submeter (como no Estado hobbesiano). Somente nessas condições ela deixa de funcionar como patologia, ainda que esse risco permaneça latente. Quando a hipocrisia ultrapassa tais limites, perde sua função estabilizadora. David Runciman observou que, em sociedades democráticas, só há espaço para a hipocrisia de "segundo grau" – aquela que permanece confinada a comportamentos extrainstitucionais e não abala as próprias normas ou instituições políticas –, não para a hipocrisia de "primeiro grau".

Como vimos no capítulo anterior, para explicar a artificialidade do soberano e de suas instituições, Hobbes recorreu ao paradigma da máscara (*persona ficta*) em lugar da encenação teatral. Nas sociedades democráticas, a hipocrisia extrainstitucional surge de uma "conformidade horizontal" provocada pelo receio da sanção da opinião pública – sanção resultante do medo de não ser eleito e do desejo de conquistar votos –, um temor que nós alimentamos ao atuar no espaço público, especialmente na esfera partidária e política.

4. Virtuosos por conveniência

Na sociedade atual, alicerçada na opinião e na livre formação do consenso, normas orientam a manifestação de ideias, atribuindo-nos corresponsabilidade no processo de *civility*. Essas regras dirigem-se às emoções (prática habitual e autocontrole moldam nossas ações) e à sua expressão (formas de comunicação são cruciais para concretizar qualquer objetivo). Nesse padrão de autorregulação, inserem-se as ações políticas praticadas no espaço do debate e na esfera das opiniões.

Em geral, as regras funcionam como obstáculos externos à ação ou se interpõem entre pensamento (ou desejo) e discurso (ou ato). Em outras palavras, criamos esses obstáculos (regras de conduta) ao assumir nossa impossibilidade de manter a virtude de forma ininterrupta; tentar tal proeza geraria uma sociedade inviável, intolerante, violenta e instável. Enquanto políticos retêm o pudor de exibir em público suas convicções, essas normas resistem à corrosão dos interesses privados, conforme apontado anteriormente. Por isso, o foco não recai sobre a erradicação da hipocrisia, mas sobre a delimitação de sua extensão: qual nível de dissociação entre motivo real e causa declarada permanece tolerável sem se converter em mentira inaceitável? Como indicado na "Introdução", ao refletir sobre o arremesso de ovos realizado por Capanna contra frequentadores do Teatro Scala, uma demonstração explícita de desigualdade fez ruir qualquer pretensa adesão a um código moral e político único; nesse cenário, a hipocrisia cede lugar à mentira escancarada e a reação do público julgador torna-se igualmente explícita.

Sir Henry St. John Bolingbroke, um dos primeiros teóricos do governo representativo e pioneiro na defesa da legitimidade dos partidos e da oposição formal ao governo, examinou o problema da hipocrisia política e seus limites. Assim como Francis Bacon um século antes, Bolingbroke distinguiu simulação (inadmissível) de dissimulação ou hipocrisia (admitida), ressaltando que ambas envolvem ocultamento, embora só a simulação recorra a uma manipulação ativa. Em qualquer caso, algo permanece em segredo ou velado; porém, assumir uma máscara tornou-se bastante arriscado em uma sociedade moderna alicerçada na informação e na busca incessante por notícias.

Atualmente, ainda mais do que na época de Bacon ou de Bolingbroke, a opinião pública estimulada por uma imprensa livre tende a revelar o que está oculto atrás do discurso ou da aparência, e essa exposição pode significar o fim da carreira política de qualquer pessoa.

Uma consequência dessa reflexão é a adoção estratégica da virtude: para evitar ser desmascarado em qualquer ato desonesto, o político reconhece como mais vantajoso comportar-se com virtude. Ele precisa perceber como conveniente agir de modo honesto; não se espera que seja virtuoso em sua intimidade, mas sim que entenda seu interesse em sê-lo. Para tornar isso possível, é preciso elevar ao máximo o custo e o risco de viver na mentira, dificultando severamente a prática oculta e a chance de escapar impune.

Bolingbroke não fazia um apelo moralista – não advogava autenticidade ou coerência absoluta com a verdade –, mas propunha um uso instrumental da virtude, motivado pelo receio da exposição pública. Aproximar a vida política do comportamento privado torna-se, então, uma estratégia mais segura para quem deseja atuar na política. Não importa se a motivação real é conquistar e manter o poder. Esse detalhe é irrelevante para avaliar a ação; e assim retornamos a Maquiavel, porém, em um cenário distinto daquele do duque Valentino (caracterizado pela violência, ausência de normas codificadas e arbitrariedade), ou seja, o contexto da política representativa. Invertendo a máxima de La Rochefoucauld, agora *é a virtude que se paga ao vício*!

Em uma sociedade regida pelo olhar público, a honestidade traz mais vantagens, sendo mais conveniente. É difícil ser totalmente hipócrita como o príncipe de Maquiavel (parecer ser, sem ser) numa época em que a imprensa e os meios de comunicação penetram em todos os recantos, da correspondência privada às mensagens em aplicativos. Portanto, para o político, é preferível manter a ambiguidade limitada, evitando ser desmascarado. Virtuosos por conveniência: esse é o limite da hipocrisia funcional às democracias eleitorais, que, de modo apropriado, se tornam reinos da honestidade por conveniência racional. Esse limite importa muito mais para a ação política do que qualquer sanção penal, que só se materializa depois da consumação de um ato.

A publicidade incide sobre as intenções, e o político suficientemente ambicioso tenderá a alinhar seus propósitos às próprias ações, assim pensava Bolingbroke. O fato de esse alinhamento ocorrer por cálculo conveniente (hipocrisia) ou por coerência com princípios morais (sinceridade) tem importância secundária para a estabilidade do sistema político.

É preferível um político que siga a opinião a um político que a engane. O segundo veste máscara; o primeiro encarna sua própria máscara. O conformismo do político ou do ambicioso mostra-se útil, enquanto a hipocrisia movida por malícia – adotada por quem guarda planos ocultos – revela-se nociva. Hipocrisia por malícia caracteriza tiranos, déspotas e corruptos. Já a hipocrisia por modismo ou puro conformismo indica reconhecimento da autoridade pública.

Dos dois perfis de hipócrita, apenas um oferece segurança à estabilidade institucional. Se o medo da opinião pública e o desejo de permanecer no poder levam o político a agir corretamente por precaução, devemos-lhe gratidão, pois dele depende grande parte da solidez de nossas instituições. Está também implícito que esse virtuoso por conveniência só poderá ser mantido dentro das normas se, e somente se, nosso poder de controle (por meio da opinião, dos movimentos sociais, da oposição organizada, das petições, da imprensa e da informação livres) for forte, contínuo e irreversível. Na base dessa hipocrisia virtuosa, encontra-se a virtude da cidadania, respaldada pelo direito à livre expressão, ao debate crítico e à manifestação pública do dissenso.

V
O politicamente correto

Para concluir esta breve investigação sobre a função civilizadora da hipocrisia, torna-se necessário abordar o "politicamente correto": trata-se da forma particular de *civility* nas democracias contemporâneas, alvo frequente de críticas severas por supostamente induzir ao conformismo. Na realidade, a capacidade de autocontrole na forma como expressamos nossas opiniões é condição imprescindível do discurso público. Estigmatizar quem não se enquadra naquilo que uma opinião compartilhada define como identidade justa ou normal não pode ser considerado compatível com o diálogo público entre pessoas responsáveis e livres. A opinião da maioria não se transforma em poder despótico mesmo desejando-o, pois ela própria constitui resultado de uma teia de opiniões individuais, interesses e conveniências, as quais mantêm afinidade com uma postura hipócrita.

Na corda bamba entre indivíduo e mundo, medem-se – sem necessariamente se equilibrar – duas forças complementares: a *proteção* da singularidade diante da vigilância e do julgamento alheios (os públicos genéricos pelos quais circulamos diariamente) e, por outro lado, a *facilitação* das relações sociais.

Sociólogos e historiadores descrevem e explicam a modernidade como condição rejeitadora de tornar as identidades coletivas absolutas, ao mesmo tempo que reconhece a complexidade das relações de pertencimento e dos agrupamentos sociais. Essa condição evidencia a fragilidade existencial das pessoas e apresenta a solidão como preço da irredutível singularidade do sujeito. Nesse horizonte liberal e desencantado, desenrola-se a lógica das relações interpessoais e existenciais do nosso tempo: uma convivência e tensão permanente entre confiança e traição, entre a necessidade de pertencer a – e compartilhar – uma tradição comum (e de aderir a valores éticos que exigem envolvimento emocional) e a resistência a qualquer vínculo capaz de transformar o pertencimento num destino imposto. Comunidades identitárias e valorização da individualidade emergem como protagonistas dessa corda bamba, atraindo-se e repelindo-se num esforço contínuo de equilíbrio. É nesse contexto que deveríamos situar o "politicamente correto", prática de hipocrisia que expressa a controversa forma de *civility* da atualidade.

1. A quem se causa dano?

A "religião civil" por trás do "politicamente correto" alicerça-se no princípio de "não causar dano aos outros". Mas o que se entende por "dano"? E quem são esses "outros" que não devemos prejudicar? Se "outros" refere-se a indivíduos, a pergunta torna-se trivial e a resposta, imediata: não causar dano significa aceitar que minha liberdade termina onde começa a sua e estar disposta a oferecer aquilo que exijo de você. Esse princípio vai além da mera abstenção de mal; ele impõe também um agir respeitoso. Trata-se não de um simples dom, mas de uma troca: uma cadeia que me liga aos demais e os demais a mim em uma relação de interesse recíproco. É justamente esse aspecto que torna tão complexa a questão inicial. Evitar danos torna-se difícil quando o objeto não é apenas a pessoa com a qual interajo aqui e agora, mas também sua cultura e sua sensibilidade, manifestações de uma individualidade situada, não abstrata.

Kant nos convida a considerar que, ao violar uma pessoa, estamos violando toda a humanidade. Esse gesto exige um salto imaginativo que nos leva além de nossa comunidade imediata de "pertencimento". Não se trata de desvalorizar o "nosso" grupo, mas de reconhecer que ele exerce sobre nós um peso significativo e, muitas vezes, predominante. Por isso, Kant propõe transcender, mentalmente, essas afinidades para compreender o imperativo: "respeite o outro como gostaria de ser respeitado". A reciprocidade, assim, se estende a qualquer indivíduo com quem cruzemos acidentalmente, uma vez que até mesmo alguém que fale o nosso idioma permanece, em certos aspectos, estranho à nossa biografia pessoal. Se observássemos cada pessoa não à luz de semelhanças culturais, nacionais ou ideológicas, mas de seu comportamento específico no espaço compartilhado – aqui e agora –, o dano recairia, de fato, sobre ela. Esse é o exercício kantiano: desafiador, porém razoável e, arrisco dizer, vantajoso, sobretudo porque a era dos direitos coincide com sociedades abertas, cujas fronteiras cruzamos para nos associarmos a outros, viajar e trocar ideias e bens.

Esse exercício torna-se ainda mais complexo quando o objeto do dano deixa de ser a pessoa concreta e passa a ser um grupo ou uma etnia, entidades mais abstratas do que os indivíduos com quem interagimos diretamente, mas que reivindicam uma realidade ainda mais sólida, sustentada por doutrinas ideológicas ou por necessidades existenciais de pertencimento capazes de amenizar o sentimento de solidão e desenraizamento. Seria particularmente difícil responder ao chamado "não causar dano" caso entendamos os outros como essas comunidades a que pertencemos por simples atribuição, hierarquizando valores e projetando nossa própria comunidade – cada vez mais concebida como nação pré-política ou "comunidade de destino" – ao patamar superior, considerando as demais como entidades exclusivas e, portanto, potenciais inimigas. Mesmo a Europa dos direitos enfrenta, atualmente, o risco de recuar nessa direção por causa de uma revalorização de "soberanias nacionais" vindas de uma lógica autoprotetiva. Nesse contexto identitário, os espaços de liberdade individual inevitavelmente encolhem, assim como os próprios domínios da *civility*, pois estabelecer o que constitui uma "comunidade de destino" revela-se tarefa quase insolúvel e muito controversa.

Emerson afirmou, na primeira metade do século XIX, que as nações podem suscitar grande admiração ao mobilizar indivíduos para o sacrifício, e até mesmo transformá-lo em autossacrifício. Essa narrativa gera dois resultados, por vezes sinistramente conciliáveis: faz dos cidadãos patriotas dispostos a imolar-se quando a nação os convoca e, ao mesmo tempo, alimenta o sonho de uma sociedade melhor, capaz de conter o egoísmo privado. Contudo, justamente por sua exigência e intolerância, essas comunidades idealizadas não se limitam a associações: buscam tornar-se identidades coesas e acabam por se fechar, tornando-se excludentes.

A tensão entre o bem de uma comunidade nacional e o bem da humanidade, tema caro a universalistas e internacionalistas como Kant, Mazzini e Marx, funciona como contrapeso ao perigo do nacionalismo identitário. Comunidades de destino correm o risco de tornar-se despóticas, cultivando intolerância tanto em relação a membros recalcitrantes ou dissidentes quanto a grupos étnicos, acusados de contaminar e "degenerar" a nação. Nesse tipo de organização social, ensina-se aos membros a acreditar em laços ancestrais e naturais que, para se manterem intactos, exigem mobilização permanente. Se essa é a identidade a ser preservada, o campo de atuação da força civilizadora da hipocrisia encolhe drasticamente. É nesse contexto cultural que o politicamente correto acaba retratado – e ridicularizado – como sintoma de fraqueza e de conformismo liberal. Em contraposição ao liberalismo dos direitos, reivindica-se atualmente o "direito de odiar"!

No mito identitário do nacionalismo, o respeito à liberdade e à pessoa fragmenta-se. Conforme apontam os críticos contemporâneos da *civility*, a nação étnica não tolera comportamentos de uma minoria que contrariem sua concepção de família e de sexualidade viril, ainda que esses comportamentos encontrem amparo numa visão universalista dos direitos. Nessa lógica, os direitos civis são respeitados *sob a condição de* estarem de acordo com a ideia majoritária de identidade nacional: o dissenso é igualmente intolerável, enquanto o reconhecimento é atribuído como recompensa ao conformismo. Não estaríamos, então, diante de um "politicamente correto" invertido?

O nacionalismo assim entendido assume a face xenófoba e homofóbica: ostenta autenticidade e fidelidade identitária que, na prática, erguem-se contra a *civility*. Curiosamente, ele se transforma, ao mesmo tempo, em laboratório de hipocrisia, pois a interpretação dos "valores" comuns jamais é unívoca, nem mesmo entre os próprios etnonacionalistas. Voltamos, portanto, aos dilemas encontrados pelos teólogos do século XVI: ao tentar restaurar a concórdia, descobriram nos "fundamentos da fé" – supostamente intocáveis – divergências de interpretação profundas. O desfecho foi a intransigência implacável e a violência. A sociedade civil nasceu justamente das guerras religiosas, desencadeadas quando os projetos de unidade ruíram diante da impossibilidade (ou da recusa) de separar esferas de vida e crença, bem como de respeitar o princípio da liberdade de fé.

A sociedade moderna colocou no centro o mundo do sujeito: seus interesses, suas paixões e, em última instância, seus direitos. A sociedade civil – nutrida pela urbanidade ou *civility* – é um espaço que se ama e se detesta ao mesmo tempo, no qual a hipocrisia produz um bem a ser protegido de qualquer dano: a pessoa concreta. Esse bem antecede os sistemas de crença e as nações universalistas. É nesse terreno, ainda hoje, que devemos mensurar e avaliar tanto a pertinência quanto os limites da hipocrisia entendida como *civility*.

2. O novo *galateo*[1]

Recorrer à hipocrisia significa admitir nossa própria falibilidade. Tentar escolher palavras que, ao expor ideias livremen-

1 A autora refere-se à obra de Giovanni della Casa, publicada em 1558, na qual o autor procura ensinar as maneiras e os costumes para aqueles que vivem em sociedade. (N. T.)

te, não ferem o outro, não configura um discurso genuíno. No entanto, será sempre adequado levar ao público aquilo que pensamos, apresentando-o como máxima universal? A regra do politicamente correto funciona como confissão de incerteza sobre a validade de nossas opiniões. Esse tipo de *civility* caracteriza as sociedades liberais. Jon Elster demonstrou de modo convincente que a hipocrisia faz parte do mundo civil, pois ela nos impede de manifestar emoções reais, sem, no entanto, forçar a exibição de sentimentos inexistentes.

Além disso, a hipocrisia virtuosa age não por imposição, mas pelo interesse, valendo-se de um mecanismo de "conformidade horizontal". A prova em contrário aparece nos regimes totalitários, nos quais a proibição de expressar livremente emoções e ideias também impede a adoção de comportamentos hipócritas como forma de proteção. A força civilizadora da hipocrisia, portanto, reside em nos tornarmos observadores e observados. Ao analisar as causas do fracasso dos experimentos comunitários nos Estados Unidos do início do século XIX, Emerson identificou intolerância nas estratégias engenhosas que seus membros empregavam para escapar ao controle social: a solidão, a cortesia, os bons modos, a ironia e o sarcasmo. Esses continuam sendo, ainda na atualidade, artifícios para "espessar a pele"; não tanto para nos defender do impacto das ideias alheias, mas para preservar a privacidade diante da inspeção, do controle e da censura. O ato de não dizer de forma explícita cria uma penumbra que resguarda quem fala e coloca o interlocutor à vontade.

Atribuir relevância à forma exterior das ações constituía o projeto educativo de uma sociedade – como a norte-americana do século XIX, analisada por Emerson – em que se confrontavam duas modalidades de convivência, logo experimentadas também na Europa. De um lado, encontrava-se uma sociedade anônima, povoada por imigrantes e estrangeiros cujo único vínculo reconhecido era a busca de bem-estar e felicidade; de outro, a sociedade burguesa clássica, consolidada por práticas compartilhadas na vida social e doméstica, capazes de revelar hierarquias de classe apenas pelo olhar. O século dos jornais e dos códigos de conduta – o Oitocentos – incubou as regras do convívio civil para ambas as formas de organização: a primeira, orientada para o futuro, vivia no anonimato das cidades, onde estranhos se misturavam em classes indistintas; a segunda, típica da burguesia, contra a qual floresceram diversas comunidades mencionadas por Emerson na Nova Inglaterra.

Fundamentalmente, o modelo dessas comunidades harmoniosas de indivíduos dotados de sincero autocontrole já antecipava a sociedade futura. Tocqueville observou que, à medida que a sociedade se torna mais igualitária e horizontal – antiaristocrática –, também cresce a influência da opinião pública sobre os comportamento. Em outras palavras, a *civility* impõe-se em razão da transformação democrática e do declínio das distinções de classe e de estamento. Nessa sociedade horizontal, na qual a autoridade incontestável reside no julgamento público – mais do que em qualquer etiqueta ou costume –, a *civility* adquire *status* de virtude suprema. A prática linguística denominada *politicamente correto* funciona como novo *galateo* [a nova etiqueta] do nosso tempo e confirma o papel civilizador da hipocrisia, já que, em espaços abertos, a comunicação entre estranhos só se estabelece quando cada pessoa pratica o autocontrole. O cerne das "boas maneiras" em sociedades democráticas não pode mais residir na antiga etiqueta de corte ou no comportamento burguês, mas sim na forma discursiva de relação pública com o outro.

A comunicação nas esferas públicas informais – em que todos nos envolvemos cotidianamente – combina racionalidade instrumental direta (expressão de projetos pessoais ou necessidades) com normas sociais (regras às quais nos adequamos), formando o contexto em que nossos projetos individuais se definem e se manifestam. Essa é a "força civilizadora da hipocrisia" destacada por Elster: um sistema indireto de constrangimentos culturais e sociais – os *mores* a que Montesquieu se referia – tão eficaz quanto capaz de evitar a coerção direta. Esses constrangimentos podem operar sem que percebamos plenamente sua presença. O fato é que, em sua dinâmica, há perfeita fusão de crenças, engano e autoengano. As normas não escritas moldam não apenas nossos atos, mas também a imagem que cultivamos de nós mesmos. Prestar contas a cada ação já representa reconhecimento de respeito pelas regras tácitas que alicerçam a vida social.

O politicamente correto, com frequência criticado como censura imposta por uma opinião pública moralista e puritana, integra esse cimento social. Claro que ele não está isento de problemas. Contudo, o uso paroxístico promovido por seus cultores radicais não justifica condenação absoluta. Do mesmo modo que a hipocrisia só se torna valiosa como *civility* enquanto limitada e não sistêmica, o politicamente correto exige restrições para cumprir seu papel.

3. Humana vulnerabilidade

O aspecto mais relevante do politicamente correto reside no uso da linguagem: trata-se de um exercício contínuo em que se concebem as palavras como ações, capazes de causar danos às pessoas. Como já foi observado, esse dano torna-se ainda mais fácil quando o indivíduo é reduzido à categoria de membro de um grupo. O racista não investiga, não observa, não distingue nem analisa; deixa-se levar pela preguiça intelectual e por justificativas superficiais, alimentando uma ignorância militante que transforma o preconceito em verdadeiro código de identificação. Os efeitos disso podem ser devastadores.

Quando se veem cercados por quem pensa como eles, os racistas se reconhecem mutuamente e sentem-se legitimados a expor suas ideias, deixando o silêncio de lado. Para eles, a repetição dos discursos equivale à comprovação de veracidade. O racismo estimula a imitação e, por isso, tende a se espalhar. Esse comportamento nunca é "um fenômeno isolado": só se ousa manifestá-lo publicamente quando se tem a certeza de contar com a simpatia do entorno. O racista acredita não pecar por hipocrisia (e, de fato, reivindica sinceridade e autenticidade), mas seu comportamento é radicalmente hipócrita por ser essencialmente conformista: um racista que se percebesse sozinho em meio a uma multidão de não racistas provavelmente se calaria.

Considerar um episódio de racismo como "fenômeno isolado" demonstra incapacidade de captar sua verdadeira dimensão e acaba por prejudicar a *civility*. A vergonhosa necessidade de evitar linguagem racista em público – princípio fundador do politicamente correto – baseia-se em evidências robustas: o avanço acelerado de comportamentos intolerantes resulta do consentimento, ainda que tácito, dos demais. Se percebo desconfiança ao usar expressões ofensivas diante de outrem, abstenho-me delas. Mas, ao constatar que a maioria compartilha minhas ideias, sinto-me autorizado a verbalizá-las abertamente, sem freios ou sem "medir palavras": sem hipocrisia.

Os críticos do politicamente correto mostram-se incapazes de apreender a estratégia educativa da hipocrisia e, com ela, o princípio de que os vícios privados muitas vezes favorecem virtudes públicas. Modificar o uso da linguagem, optar por termos não ofensivos – ainda que desejássemos empregar outros – representa, justamente, a função civilizadora e pedagógica da hipocrisia. A autocensura, de pronto descartada como mera expressão do "politicamente correto", supõe uma sociedade em que o racismo, embora presente, é visto como problema, não como opinião a preservar ou promover. Cesare Pavese, em *O diabo nas colinas*, fazia seu personagem revelar que, por trás da acusação de hipocrisia, frequentemente surgia mais moralismo do que preocupação genuína com a moralidade: todas as sociedades impõem barreiras ao agir às escondidas, ao agir sem coerência entre pensamento e ação; todas classificam esse tipo de comportamento como "pecado". Em resposta, o protagonista, Pieretto, afirma: "Muita coisa se faz às escondidas e não é pecado. É questão de costume e de boas maneiras. Pecado é apenas não entender o que se faz". Propomos, no entanto, adotar uma versão mais rigorosa do pensamento de Pavese: a princípio, o preconceito talvez se apresente como pecado no sentido de advir do "não entender o que se faz", tal como repetir, por hábito, atos de gerações anteriores. Contudo, as interações sociais constantes, o convívio com pessoas de culturas e línguas diversas, a universalização da educação, os meios de comunicação e as diversas oportunidades de encontro e aprendizado impedem o refúgio na ignorância. O racista que vive numa sociedade fundada em direitos, na verdade, "compreende" perfeitamente o que profere.

O racismo, assim como a escravidão, é fenômeno de conhecimento geral: o racista não age por ignorância, mas por discriminar deliberadamente e manifestar desprezo consciente. Sustenta a crença em raças ou etnias superiores e em outras inferiores, convicções já refutadas não apenas por estudos e pesquisas, mas também por guerras catastróficas, por sofrimentos devassadores e, por fim, por constituições que consagram os direitos humanos.

O que desprezamos como "hipocrisia linguística" representa, na verdade, um compromisso de urbanidade: como se a sociedade concordasse em não perscrutar o que se esconde por trás da máscara do discurso cuidadoso e do gesto cortês. Em outras palavras, nesse contexto, a tolerância consiste em lançar um véu sobre emoções e intenções ocultas, impedindo que o outro enxergue o que jaz além do nosso falar. Trata-se de reconhecer a existência de um ambiente marcado por alto risco de intolerância e de enfrentá-lo por meio de práticas de convivência civil. Não se busca ensinar a ambiguidade, mas cultivar a aceitação do outro e, em horizonte mais amplo, o reconhecimento mútuo. Poderíamos dizer que se inicia hipócrita para, sem esforço, terminar respeitoso. Eis o anseio da *civility* como segunda natureza.

4. O primeiro degrau: uma conclusão e, ao mesmo tempo, um início

Anna Elisabetta Galeotti ressalta que ter direitos não basta para desfrutar de respeito. Direitos implicam deveres; o respeito enriquece a efetividade desses direitos, embora não seja obrigação legal, mas, antes, necessidade psicológica que ameniza a precariedade emocional. De fato, o respeito baseia-se mais em sentir do que numa ideia clara e distinta. Em sociedades que se afirmam fundadas em direitos, acumulou-se ampla experiência de um fato inegável: viver num país com constituição democrática e direitos proclamados não assegura, por si só, a fruição igualitária desses direitos. A questão não reside apenas nas condições sociais – ainda que seja indiscutível que, para o analfabeto, a liberdade de imprensa valha, na prática, muito menos do que para o letrado –, mas também na cultura cívica que predomina.

Se, como pessoa abstrata, compartilho com todos os meus concidadãos os mesmos direitos, como ser concreto – alguém definido por um gênero, por uma opção de vida ou por certos valores –, essa universalidade pode perder densidade. O segundo parágrafo do artigo 3º da Constituição[2] lista as situações que, na prática, impedem o exercício pleno dos direitos iguais, obstáculos que a república se compromete a eliminar. Para cumprir tal compromisso, é imprescindível considerar as condições concretas de cada indivíduo: a simples proclamação dos direitos, por si só, não é suficiente.

Pertencer a um gênero ou a uma religião, assumir uma orientação sexual minoritária, tudo isso pode criar um des-

---

2 Lê-se no referido dispositivo: "Cabe à República remover os obstáculos de ordem social e econômica que, limitando de fato a liberdade e a igualdade dos cidadãos, impedem o pleno desenvolvimento da pessoa humana e a efetiva participação de todos os trabalhadores na organização política, econômica e social do País". (N. T.)

compasso entre a pessoa abstrata (tal como o direito a vê como igual e que também a protege) e a pessoa concreta. Aqueles que integram grupos social e culturalmente fortes (os considerados "maioria") não costumam perceber essa disparidade, porque, para eles, a pessoa jurídica neutra e a pessoa concreta *quase* coincidem. Por isso, Galeotti afirma que, para alcançarmos o respeito universal, não basta garantir direitos iguais a todos: é preciso considerar, além do próprio marco normativo, as condições concretas de vida de cada indivíduo.

Em *Toleration as Recognition* [Tolerância como reconhecimento], Galeotti postula que a identificação da tolerância com a tolerância liberal, embora seja ponto de partida indispensável, não esgota a resolução dos problemas de discriminação. Essa identificação constitui uma premissa necessária, mas apenas inicial. A cotidianidade oferece exemplos patentes: casais cuja orientação sexual impede a adoção, ou que não acessam os mesmos direitos concedidos àqueles cuja orientação é socialmente regulamentada como "normal". Além disso, mesmo que a constituição não mencione explicitamente a "família heterossexual", a interpretação habitual e prevalente a compreende como "sociedade natural". O gozo de direitos iguais evidencia, de forma clara, a intrínseca relação com crenças e ideologias, apesar dos esforços da ciência jurídica em dissociá-las da interpretação normativa. Essa autolimitação converte-se em uma tarefa hercúlea ao se transitar da esfera da justiça para a das relações civis e sociais.

Justamente porque os direitos se enraízam na sociedade, sua eficácia como instrumentos de respeito à pessoa demanda esforços políticos e civis. A concretude da existência dos indivíduos – sua alteridade – não pode ser desconsiderada, principalmente quando a maioria se arroga o privilégio de identificar e definir os "valores" e os significados da "comunidade nacional", fundamentos que orientam a concepção dos direitos e a aprovação ou condenação moral de determinadas "diferenças". Nesse contexto majoritário, pode-se, com facilidade, chegar a decretar quem pode ou não usufruir de direitos iguais, se não no âmbito jurídico – pois a constituição e a divisão dos poderes visam tutelar o aspecto formal de nossas liberdades –, certamente na opinião da maioria, nos comportamentos sociais e nas formas de expressão. Retornamos, assim, à questão inaugural: a pureza das convicções deve preceder a *civility*? Estamos dispostos a reconhecer que a intransigência de nossas crenças – sobretudo quando reforçadas por uma maioria política e ideológica – não deve prevalecer sobre a boa convivência? A hipocrisia vincula-se a uma prática comportamental que nos direciona a relações de reconhecimento, não somente de respeito. Contudo, ainda não se trata de um reconhecimento pleno, frequentemente manifestando-se como respeito exclusivo pela linguagem. A hipocrisia, enquanto *civility*, é, portanto, uma prática comportamental, um *modus operandi* que não impõe abjurações, pois não condiciona o respeito à adesão às visões de mundo alheias; configura-se, assim, como conduta modesta. Sua premissa é o pluralismo, sem o qual, como previamente estabelecido, não há condições para a tolerância. A hipocrisia, enquanto *civility*, revela-se propedêutica a uma ética e a uma prática de respeito mais abrangentes.

Este livro examinou a condição primordial para que uma sociedade pratique não apenas a tolerância, mas o reconhecimento da diversidade humana. O objetivo máximo da *civility* deveria ser o reconhecimento irrestrito da humanidade concreta e em constante transformação, inerente a cada indivíduo autônomo, vulnerável e falível. Walt Whitman, poeta da democracia, estendeu o alcance da democracia às relações privadas, à psicologia e à moral, conferindo um "voto" a todas as emoções, temperamentos, profissões, estados de espírito e paixões, sem exclusão. Ao listá-los e justapô-los sem ordem aparente, Whitman afirmava a igual dignidade de respeito para atos heroicos e virtuosos, bem como para os banais, comuns e mesmo os mais sombrios. Sua obra demonstra postura abertamente dedicada ao reconhecimento, transcendendo a hipocrisia e o constrangimento de "morder a língua". Este livro percorreu o degrau inicial de uma tendência ideal ao respeito, fundamental em democracias: sociedades vigiadas por um público constituído pelos próprios cidadãos; alicerçadas nos direitos; e povoadas por indivíduos treinados no autocontrole e no uso consciente da linguagem como instrumento de expressão e diálogo – condições indispensáveis para aspirar a uma vida livre com serenidade.

Referências bibliográficas

A hipocrisia constitui um tema perene, que perpassa o interesse de diversas disciplinas humanísticas, da história à filosofia moral, da psicologia à sociologia e à ciência política. A vasta bibliografia existente faz quem escreve se sentir como um arbusto em uma floresta de árvores gigantes. Os títulos aqui apresentados oferecem sugestões de leitura para um estudo preliminar sobre a hipocrisia e sua relação com a mentira e a manipulação, tanto na dimensão política quanto na esfera moral.

AGOSTINHO de Hipona. *La città di Dio*. Milano: Mondadori, 2022.

ALIGHIERI, Dante. Inferno. In: *La divina commedia*. Firenze: Le Monnier, 1988. [Ed. bras.: *A divina comédia*. Trad. Italo Eugenio Mauro. São Paulo: Editora 34, 2017.]

ARENDT, Hannah. *La menzogna in politica*: riflessioni sui Pentagon Papers. Org. O. Guaraldo. Genova: Marietti, 2006.

______. *Sulla rivoluzione*. Trad. it. R. Zorzi. Torino: Einaudi, 2006. [Ed. bras.: *Sobre a revolução*. São Paulo: Companhia das Letras, 2011.]

ARISTÓTELES. *Etica nicomachea*. Milano: Rizzoli, 1994. [Ed. bras.: *Ética a Nicômaco*. São Paulo: Editora Unesp, 2024.]

ARISTÓTELES. *Metafisica*. Org. G. Reale. Milano: Bompiani, 2004. [Ed. bras.: *Metafísica*. Petrópolis: Vozes, 2024.]

______. *Politica*. Milano: Rizzoli, 2008. [Ed. bras.: *Política*. São Paulo: Edipro, 2019.]

BENJAMIN, Walter. Uomini tedeschi. In: *Opere complete*. Org. E. Ganni. Torino: Einaudi, 2004. v.6.

BERLIN, Isaiah. *The Crooked Timber of Humanity*: Chapters in the History of Ideas. London: John Murray, 1990.

BOBBIO, Norberto. *Autobiografia*. Org. A. Papuzzi. Roma: Laterza, 1999. [Ed. bras.: *Autobiografia*. Org. A. Papuzzi. São Paulo: Editora Unesp, 2018.]

______. *Democrazia e segreto*. Torino: Einaudi, 2010. [Ed. bras.: *Democracia e segredo*. São Paulo: Editora Unesp, 2015.]

______. Verità e libertà. In: *Elogio della mitezza e altri scritti morali*. Milano: Linea d'Ombra, 1994.

CALLONI, Marina. Ipocrisia come messinscena fallibile, menzogna come falsità riscontrabile: sulla ricerca pubblica di verità e fiducia. *Lessico di ética pubblica*, n.2, 2020, p.51-65.

CARNEVALI, Barbara. *Le apparenze sociali*: una filosofia del prestigio. Bologna: Il Mulino, 2012.

CASTELFRANCHI, Cristiano; POGGI, Isabella. *Bugie, finzioni e sotterfugi*: per una scienza dell'inganno. Roma: Carocci, 2002.

CASTIGLIONE, Baldassarre. *Il libro del cortegiano*. Milano: Rizzoli, 1994.

CEDRONI, Lorella. *Menzogna e potere nella filosofia occidentale*. Firenze: Le Lettere, 2010.

CICERONE, Marco Tullio. *Dei doveri*. Milano: Mondadori, 1994.

COHEN, Gerald Allan. If You're an Egalitarian, How Come You're So Rich? *The Journal of Ethics*, v.4, n.1-2, 2000, p.1-26.

CONSTANT, Benjamin. Des reactions politiques. In: GAUCHET, M. (Org.), *Écrits et discours politiques*. Paris: Gallimard, 1997.

ELIAS, Norbert. *La società di corte*. Trad. it. G. Panzieri. Bologna: Il Mulino, 2010. [Ed. bras.: *A sociedade de corte*. Rio de Janeiro: Zahar, 2001.]

ELSTER, Jon. *Il cemento della società*: uno studio sull'ordine sociale. Trad. it. P. Palminiello. Bologna: Il Mulino, 1995.

______. Throwing a Veil Over Equality: Equality and Hypocrisy in the Revolutionary Era. In: SYPNOWICH, C. (Ed.). *The Egalitarian Conscience*: Essays in Honour of G. A. Cohen. Oxford: Oxford University Press, 2006. p.36-55.

EMERSON, Ralph Waldo. *Società e solitudine*. Org. N. Urbinati. Reggio Emilia: Diabasis, 2008.

FERRARA, Alessandro. *Autenticità riflessiva*: il progetto della modernità dopo la svolta linguistica. Milano: Feltrinelli, 1998.

FOUCAULT, Michel. *Discorso e verità nella Grecia antica*. Org. A. E. Galeotti. Roma: Donzelli, 2005.

FRANCESCO, papa. L'ipocrita è sempre adulatore (meditazione mattutina nella Cappella della Domus Sanctae Marthae). *L'Osservatore Romano*, v.157, n.130, 7 jun. 2017. Disponível em: https://www.vatican.va/content/francesco/it/cotidie/2017/documents/papa-francesco-cotidie_20170606_doppia-faccia.html. Acesso em: 31 jul. 2025.

GALEOTTI, Anna Elisabetta. *Political Self-Deception*. Cambridge: Cambridge University Press, 2018.

______. *Toleration as Recognition*. Cambridge: Cambridge University Press, 2002.

GARIN, Eugenio. *L'uomo del Rinascimento*. Roma: Laterza, 1988.

GINZBURG, Carlo. *Il nicodemismo*: simulazione e dissimulazione religiosa nell'Europa del '500. Torino: Einaudi, 1970.

GLASER, Daryl. Does Hypocrisy Matter? The Case of U.S. Foreign Policy. *Review of International Studies*, v.32, n.2, 2006, p.256-8.

HABERMAS, Jürgen. *Storia e critica dell'opinione pubblica*. Trad. it. A. Illuminati e F. Masini. Bari: Laterza, 1971.

HIRSCHMAN, Albert Otto. *Le passioni e gli interessi*: argomenti politici in favore del capitalismo prima del suo trionfo. Trad. it. S. Gorresio. Milano: Feltrinelli, 2011.

HOBBES, Thomas. *Leviatano*. Notas G. Micheli. Firenze: La Nuova Italia, 1976. [Ed. brasil: *Leviatã* ou matéria, forma e poder de uma república eclesiástica e civil. Trad. João Paulo Monteiro e Maria Beatriz Nizza da Silva. São Paulo: Martins Fontes, 2003.]

HUME, David. *Saggi morali, letterari e autobiografici*. Trad. it. U. Forti. Lanciano: Carabba, 2014. [Ed. bras.: *Ensaio morais, políticos e literários*. Rio de Janeiro: Topbooks, 2013.]

KANT, Immanuel. *Critica della ragion pratica*. Org. V. Mathieu. Milano: Rusconi, 1993. [Ed. bras.: *Crítica da razão prática*. Petrópolis: Vozes, 2016.]

_______ *Critica della ragion pura*. Trad. it. G. Colli. Milano: Adelphi, 2004. [Ed. bras.: *Crítica da razão pura*. Trad. Fernando Costa Mattos. São Paulo: Editora Unesp, 2015.]

KOŁAKOWSKI, Leszek. In Praise of Inconsistency. In: *Toward a Marxist Humanism*: Essays on the Left Today. New York: Grove Press, 1968.

KURAN, Timur. *Public Truths, Private Lies*: The Social Consequences of Preference Falsification. Cambridge: Harvard University Press, 1995.

LA ROCHEFOUCAULD, François de. *Massime morali*. Trad. it. F. Ieva. Milano: Feltrinelli, 2014.

LECLER, Joseph. *Histoire de la tolérance au siècle de la Réforme*. Aubier: Éditions Montaigne, 1955. 2v.

_______. Les origins et le sens de la formule: *cujus regio, ejus religio*. *Recherches de Science Religieuse*, v.38, n.1, 1951, p.119-31.

LUBAN, Daniel. Bernard Mandeville as Moralist and Materialist. *History of European Ideas*, v.41, n.7, 2015, p.831-57.

MACINTYRE, Alasdair. Truthfulness, Lies, and Moral Philosophers: What Can We Learn from Mill and Kant? In: PETERSON, G. B. (Org.). *The Tanner Lectures on Human Values*. Salt Lake City: University of Utah Press, 1995. v.16, p.307-61.

MANDEVILLE, Bernard de. *La favola delle api*. Trad. it. M. E. Scribano. Roma: Laterza, 2011.

MARGALIT, Avishai. *Sporchi compromessi*. Trad. it. G. Mancini. Bologna: Il Mulino, 2011.

MAZZONE, Leonard. Ipocrisia. In: *Storia e critica del più socievole dei vizi*. Napoli: Orthotes, 2020.

MCKINNON, Christine. *Hypocrisy, with a Note on Integrity, American Philosophical Quarterly*, v.28, n.4, 1991, p.321-30.

MOLIÈRE. *Il Tartufo*. Trad. it. S. Quasimodo. Milano: Bompiani, 1958. [Ed. bras.: *O tartufo; O misantropo*. São Paulo: Martins Fontes, 2019.]

MONTAIGNE, Michel de. *Saggi*. Trad. it. F. Garavini: ensaio S. Solmi. Milano: Adelphi, 1992. [Ed. bras.: *Ensaios*. Trad. Sérgio Millet. São Paulo: Editora 34, 2016.]

MONTESQUIEU, Charles-Louis de Secondat. *Lettere persiane*. Org. G. A. Todaro-Faranda. Milano: Rizzoli, 1984. [Ed. bras.: *Cartas persas*. São Paulo: WMF Martins Fontes, 2009.]

______. *Lo spirito delle leggi*. Org. S. Cotta. Torino: Utet, 2005. [Ed. bras.: *O espírito das leis*. São Paulo: Martins Fontes, 2005.]

NEDERMAN, Cary J. *Worlds of Difference*: European Discourses of Toleration, c.1100-c.1550. University Park: Penn State University Press, 2000.

NUGENT, Donald. *Ecumenism in the Age of the Reformation*: The Colloquy of Poissy. Cambridge: Harvard University Press, 1974.

ORIGGI, Gloria. *La reputazione*. Milano: Egea; Università Bocconi Editore, 2016.

PALANO, Davide. *Bubble Democracy*: la fine del pubblico e la nuova polarizzazione. Brescia: Morcelliana, 2020.

PASCAL, Blaise. *Pensieri*. Org. G. Auletta. Milano: Mondadori, 1994. [Ed. bras.: *Pensamentos*. Brasília, DF: Kiron, 2023.]

PLATÃO. *La Repubblica*. Org. F. Gabrieli. Milano: Rizzoli, 1981. [Ed. bras.: *A República*. São Paulo: Lafonte, 2017.]

PROSPERI, Adriano. Confessione e dissimulazione. *Les Dossiers du Grihl*, n.3-2, 2009. Disponível em: http://journals.openedition.org/dossiersgrihl/3671. Acesso em: 31 jul. 2025.

REMER, Gary. *Humanism and the Rhetoric of Toleration*. University Park: Penn State University Press, 1996.

RORTY, Richard. *La filosofia dopo la filosofia*: contingenza, ironia e solidarietà. Trad. it. G. Boringhieri. Roma: Laterza, 1989.

ROUSSEAU, Jean-Jacques. *Il contratto sociale*. Trad. it. V. Gerratana; introd. R. Derath. Torino: Einaudi, 1994. [Ed. bras.: *Do contrato social*: princípios do direito político. São Paulo: Editora Unesp, 2018.]

______. *Le passeggiate del sognatore solitario*. Trad. B. Sebaste. Milano: Feltrinelli, 2016. [Ed. bras.: *Devaneios do caminhante solitário*. São Paulo: Editora Unesp, 2022.]

______. *Origine della disuguaglianza*. Org. G. Preti. Milano: Feltrinelli, 2013. [Ed. bras.: *A origem da desigualdade entre os homens*. São Paulo: Penguim; Companhia das Letras, 2017.]

RUNCIMAN, David. *Political Hypocrisy*: The Mark of Power, from Hobbes to Orwell and Beyond. Princeton: Princeton University Press, 2008.

SHKLAR, Judith N. *Vizi comuni*: crudeltà, ipocrisia, snobismo, tradimento, misantropia. Trad. it. S. Sabbatini. Bologna: Il Mulino, 2007.

SMITH, Adam. *Teoria dei sentimenti morali*. Org. S. Di Pietro. Milano: Rizzoli, 1995. [Ed. bras.: *Teoria dos sentimentos morais*. Trad. Lya Luft. São Paulo: WMF Martins Fontes, 2015.]

SORRENTINO, Vincenzo. *Il potere invisibile*: il segreto e la menzogna nella politica contemporanea. Bari: Dedalo, 2011.

TAGLIAPIETRA, Andrea. *Filosofia della bugia*: figure dela menzogna nella storia del pensiero occidentale. Milano: Bruno Mondadori, 2001.

TOCQUEVILLE, Alexis de. *La democrazia in America*. Trad. it. G. Candeloro, Milano: Rizzoli, 2011. [Ed. bras.: *A democracia na América*. São Paulo: Martins Fontes, 2014.]

TURCHETTI, Mario. *Concordia o tolleranza?* François Bauduin (1520-1573) e i "Moyenneurs". Milano: Franco Angeli, 1984.

______. Religious Concord and Political Tolerance in Sixteenth and Seventeenth-Century France. *Sixteenth Century Journal*, v.22, n.1, 1991, p.18-9.

TURNATURI, Gabriella. *Gente per bene*: cent'anni di buone maniere. Milano: SugarCo, 1988.

URBINATI, Nati. Half-Toleration: Concordia and the Limits of Dialogue. In: STEPAN, A.; TAYLOR, C. *Borders of Toleration*. New York: Columbia University Press, 2013. p.130-70.

VECA, Salvatore. *La gran città del genere umano*. Milano: Mursia, 2015.

VIALE, Riccardo. *Oltre il nudge*: libertà di scelta, felicita e comportamento. Bologna: Il Mulino, 2018.

VILLARI, Rosario. *Elogio della dissimulazione*: la lotta politica nel Seicento. Roma: Laterza, 1987.

WALLACE, R. Jay, Hypocrisy, Moral Address, and the Equal Standing for Persons. *Philosophy & Public Affairs*, v.38, n.4, 2010, p.307-41.

WALZER, Michael. Azione politica: il problema delle mani sporche. In: *Il filo della politica*: democrazia, critica sociale, governo del mondo. Reggio Emilia: Diabasis, 2002.

______ Il liberalismo come arte della separazione. Biblioteca della libertà, ano 39, n.173-5, 2004.

WHITE, Jonathan; Ypi, Lea. *The Meaning of Partisanship*. Oxford: Oxford University Press, 2016.

YANKAH, Ekow N. Ipocrisia giuridica. *Lessico di etica pubblica*, n.2, 2020, p. 87-107.

SOBRE O LIVRO

Formato: 13,7 x 21 cm

Mancha: 23 x 44 paicas

Tipologia: Venetian 301 12,5/16

Papel: Off-white 80 g/m² (miolo)

Cartão Triplex 250 g/m² (capa)

1ª edição Editora Unesp: 2025

EQUIPE DE REALIZAÇÃO

Edição de texto

Maísa Kawata (Copidesque)

Jennifer Rangel de França (Revisão)

Capa

Marcelo Girard

Editoração eletrônica

Eduardo Seiji Seki

Assistente de produção

Erick Abreu

Assistência editorial

Alberto Bononi

Gabriel Joppert